Karin Schweitzer

Gesund mit

Basischer Ernährung

Basiswissen

Schweitzerhaus Verlag

Schrift * Wort * Ton

Karin Schweitzer

Frangenberg 21 * 51789 Lindlar * Telefon 02266 47 98 211

eMail: mail@schweitzerhaus.de

Copyright: Schweitzerhaus Verlag, Lindlar

Satzlayout und Umschlaggestaltung:

Karin Schweitzer, Lindlar

Fotos: fotolia/adobe stock

Gedruckt in Deutschland

Papier FSC zertifiziert

Besuchen Sie uns im Internet:

www.schweitzerhaus.de

2019

ISBN: 978-3-86332-060-7

Inhalt

Packen Sie Superfoots in Ihr Mittag- und Abendessen 78

Hätten Sie's gewusst? 102

Was ist eigentlich Basische Ernährung?

$\mathcal{B}$ *asische* Ernährung versorgt den Menschen mit basischen Mineralstoffen, sowie mit allen Nähr- und Vitalstoffen, die der Körper benötigt, um in sein gesundes Gleichgewicht zu gelangen. Gleichzeitig verschont die basische Ernährung den Menschen mit all jenen sauren Stoffwechselrückständen, die durch die übliche Ernährungsweise[1] im Körper entstehen. Auf diese Weise wird der Säure-Basen-Haushalt ausgeglichen, sodass in allen Körperbereichen wieder der richtige und gesunde pH-Wert entstehen kann.

Der pH-Wert gibt an, wie basisch oder wie sauer wir sind. Die Mess-Skala reicht von 1 bis 14, wobei alle Werte unter 7 sauer und alle Werte über 7 basisch sind, 7 gilt als pH-neutral. Verschiedene Körperbereiche haben verschiedene pH-Werte. Bei einem gesunden Menschen sollte der pH-Wert im Dickdarm beispielsweise leicht sauer sein, derjenige vom Urin, den Sie leicht selbst messen können, leicht sauer bis neutral, derjenige im Blut und im Gewebe aber leicht basisch.

Blut sollte sogar einen ziemlich genauen pH-Wert von 7,365 aufweisen. Der Körper muss diesen Wert stabil halten. Genauso wie

---

1   Damit ist die heute übliche Ernährungsweise mit Kaffee, Toast und Marmelade oder Eier mit Speck zum Frühstück, Teigwaren und Fleisch zum Mittagessen und Brot mit Wurst oder Käse zum Abendbrot gemeint. Dazu eine Menge kohlensäurehaltiger Getränke und zwischendurch zuckerreiches Naschwerk.

er die Körpertemperatur recht konstant bei 37 Grad hält. Um gesund zu bleiben, muss er auch stets den pH-Wert regulieren und das Säure-Basen-Gleichgewicht halten. Schafft er das nicht und der pH-Wert des Blutes verschiebt sich trotz aller Bemühungen des Organismus in den sauren Bereich (= Übersäuerung), dann erscheinen die ersten Zipperlein – Zeichen dafür, dass der Körper langsam aber sicher Krankheitsbilder entwickelt.

Jede Mahlzeit, die Sie essen, wird in Ihrem Körper fein säuberlich zerlegt. Brauchbares wird verwendet, Unbrauchbares wird entsorgt. Das nennt man Stoffwechsel. Nehmen wir einmal an, Sie essen ein Butterbrot mit Wurst oder Käse, ein sehr gutes Beispiel für eine ausgesprochen säurebildende Mahlzeit.

Sie besteht in der Hauptsache aus Mehl, Käse, Wurst und Butter. Dazu kommt eine stattliche Anzahl künstlicher Zusätze wie Geschmacksverstärker, Stabilisatoren, Konservierungsmittel, Säureregulatoren usw. Alle diese Zutaten sind extrem säurebildend. Das heißt: Bei deren Verdauung entstehen im Körper eine Menge Säuren. Leider können Säuren nicht so einfach wieder ausgeschieden werden, da sie zuerst neutralisiert werden müssen.

Das geschieht mit Hilfe von Mineralstoffen wie Kalzium, Kalium und Magnesium. Kalzium und Magnesium sind mit die wichtigsten

Mineralstoffe, die unser Organismus tagtäglich für eine Vielzahl von lebenswichtigen Aufgaben benötigt. Und Sie? Sie opfern eine riesige Menge dieser wertvollen Mineralstoffe für die Verdauung eines Butterbrotes!?

Im Grunde wäre das ja nicht schlimm, wenn entweder das Butterbrot eine Ausnahme darstellte oder Mineralstoffe in unbegrenzter Anzahl vorhanden wären. Doch ist leider meistens weder das eine noch das andere der Fall. Mahlzeiten und Getränke, die ähnlich säurebildend sind wie ein Butterbrot, werden täglich nicht nur einmal, sondern mehrmals gegessen und getrunken. Und dadurch sind Mineralstoffe in einem modern ernährten Körper Mangelware.

Die Folge ist eine überwältigende Säureflut im Organismus. Große Mengen Mineralstoffe werden benötigt, um all die eintreffenden Säuren zu neutralisieren. Der Körper versucht verzweifelt, sein Säure-Basen-Gleichgewicht zu halten.

Alles ist eine Frage des Gleichgewichts. Alle biologischen Zusammenhänge in der Natur stehen in einem ebenso komplexen wie labilen Gleichgewicht. Schon kleine Eingriffe oder Störungen von außen können zu einer Verschiebung dieses Gleichgewichts führen. Das kann negative Auswirkungen haben, wenn die Situation nicht rechtzeitig erkannt und korrigiert wird. Sehr viele Krankheiten des Menschen lassen sich durch eine Instabilität des natürlichen Gleichgewichts im Organismus erklären.

Mit Wurstbrot & Co[2] treffen nicht annähernd so viele Mineralstoffe ein, wie der Körper für die Neutralisierung der entstehenden Säuren bräuchte. Woher nehmen, wenn nicht stehlen?

Und so muss er mit sich selbst Raubbau treiben. Er plündert seine eigenen Mineralstoffdepots. Aus den Knochen, aus den Zähnen, aus dem Haarboden, aus den Blutgefäßen oder aus den Organen holt er sich Mineralien. Damit riskiert er langfristig schwere Schäden. Doch bleibt ihm nichts anderes übrig, um sich kurzfristig am Leben zu halten. Denn das Blut muss basisch bleiben, koste es, was es wolle - andernfalls folgt der baldige Tod.

Gleichzeitig werden so viele Fettzellen wie möglich angelegt. Fett schützt die lebenswichtigen Organe vor den gefährlichen Säuren. Sie sind also nicht dick, sondern übersäuert! Und solange Sie übersäuert sind, bleibt dauerhafte Gewichtsabnahme ein unerfüllter Wunschtraum. In diesem Zustand wäre eine Diät nicht nur nutzlos, sondern dumm. Sie würden Ihren

---

2 Damit ist die heute übliche Ernährungsweise mit Kaffee, Toast und Marmelade oder Eier mit Speck zum Frühstück, Teigwaren und Fleisch zum Mittagessen und Brot mit Wurst oder Käse zum Abendbrot gemeint. Dazu eine Menge kohlensäurehaltiger Getränke und zwischendurch zuckerreiches Naschwerk.

Organen den Wächter nehmen und sie den ätzenden Säuren aussetzen. Mit einer basischen Ernährung purzeln die Kilos übrigens automatisch.

Wenn die Säuren dann glücklich neutralisiert sind, sie werden jetzt auch Schlacken genannt, müssten sie eigentlich ausgeschieden werden, nämlich über die Nieren, die Haut, den Darm oder die Gebärmutter (mit der monatlichen Blutung). Das gelingt aber aufgrund der großen Säuremenge der üblichen Ernährungsweise nicht mehr.

Die Ausscheidungsorgane sind überlastet und die Schlacken werden im Körper eingelagert. Wenn sich irgendwann die Gelegenheit ergibt, wie beispielsweise während einer Entschlackungskur oder bei einer dauerhaften Ernährungsumstellung, können die Schlacken nach und nach ausgeschieden werden.

Vorerst aber bleiben sie im Körper. Dort richten sie Verheerendes an. Ein paar Beispiele möchte ich Ihnen aufzählen:

- Sie verstopfen Blutgefäße (Arteriosklerose)
- Führen zu Bluthochdruck mit all seinen Folgen.
- Sie lagern sich in die feinen Gefäße der Augennetzhaut ein und führen dazu, dass Sie eine immer stärkere Brille brauchen.

- Sie nisten sich im Haarboden ein und lassen Ihre Haare ausfallen.
- Sie bilden Nieren-, Gallen- und Blasensteine.
- Sie blockieren Gelenke und lassen diese teuflisch schmerzen (Arthritis, Arthrose, Gicht und Rheuma).
- Sie setzen sich zwischen die Zellen der Haut. Das macht alt, faltig und lässt Altersflecken und Cellulite entstehen.

Wenn Sie übersäuert sind, ist es, als riefen Sie all die **bösen** Mikroorganismen mit dem Megaphon und lockten Sie regelrecht in Ihren Körper. Die kleinen Gestalten sind nicht die Übeltäter. Sie selbst sind das! Denn nirgends fühlen sich Bakterien, Viren, Pilze und andere schädliche Mikroorganismen so wohl wie in einem sauren Milieu.

Also werden Sie häufig erkältet sein, an grippalen Infekten und Entzündungen der Nasennebenhöhlen leiden. Sie werden außerdem Hautausschläge, Allergien und Kopfschmerzen haben. Pilze wie Candida albicans werden Ihnen Blähungen, Scheideninfektionen, Müdigkeit, Heißhunger auf Süßigkeiten, übermäßigen Appetit und niedrigen Blutzuckerspiegel bescheren.

Eine Übersäuerung wird auch oft von unangenehmem Körper- und Mundgeruch begleitet. Ist der Körper erst entgiftet, so wird der Körper- und Mundgeruch verschwunden sein. Zumindest in den meisten Fällen. Auch Karies, Parodontose und Mandelsteine können zu Mundgeruch führen

Wenn Sie übersäuert sind, kann Ihr Immunsystem nur noch mit halber Kraft arbeiten. Krankheiten jeglicher Art, Infektionskrankheiten, chronische Krankheiten, Zivilisationskrankheiten, sind dann überhaupt kein Wunder mehr, sondern völlig normal. Denn dauerhafte Gesundheit kann nur in einem Körper mit leicht basischem Blut bestehen.

Basische Ernährung schafft im Körper ein Milieu, in dem sich nur solche Mikroorganismen wohl fühlen, die für unsere Gesundheit vorteilhaft sind und in dem schädliche Bakterien und Pilze zugrunde gehen. Basische Ernährung macht fit, jung, schlank und schön. Sie verhindert chronische Erkrankungen und beugt außerdem den typischen Zivilisationskrankheiten sowie Alterserscheinungen vor. Trinken Sie mindestens zwei bis drei (2 - 3) Liter kohlensäurefreies Mineralwasser jeden Tag, das bringt Ihren Stoffwechsel in Schwung.[3]

---

3 Weitere Informationen auf www.zentrum-der-gesundheit.de

Praktische Küchenhelfer

$\mathcal{V}$ *iele* basische Frühstücks-Rezepturen können mit der üblichen Küchenausstattung problemlos zubereitet werden. Für manche Rezepturen wiederum ist es sehr praktisch, spezielle Küchenhelfer parat zu haben. Dazu gehören die folgenden Geräte, deren Anschaffung sich sehr positiv auf den Gesundheitszustand auswirken wird, was man von manch anderen teilweise äußerst kostspieligen Gerätschaften nicht direkt behaupten kann und die dennoch fast in jeder Küche zu finden sind (wie Mikrowelle, beschichtete Topf- und Pfannensets, Kaffee- und Espressomaschine etc.). Für jene, die sich langfristig gesund und basisch, beziehungsweise basenüberschüssig ernähren möchten, empfehlen wir:

- Einen leistungsfähigen Standmixer
- Einen Pürierstab
- Einen hochwertigen Entsafter (ohne Zentrifuge und mit geringer Umdrehungszahl)
- Ein Dörrgerät
- Ein Keimgerät, gibt es in vielen Ausführungen, je nach Haushaltsgröße, aus wählbar, um sich seine Sprossen und Keime selbst zu ziehen.

Die Grundregeln für eine basische Ernährung

- Grundnahrungsmittel sind Gemüse und Salate, insbesondere grünes Blattgemüse, am besten roh verzehrt, andernfalls nur kurz erhitzt.
- Quinoa, Amaranth und Hirse ersetzen Getreideprodukte wie Pasta und Reis.
- Früchte statt Zucker. Aber auch bei Früchten gilt: Je süßer sie sind, desto mehr Säuren entstehen bei ihrer Verdauung. Also in Maßen und immer nur auf den leeren Magen, nie als Dessert.
- Nüsse und Samen (Leinsaat, Hanfsamen, Sonnenblumenkerne, Kürbiskerne, etc.) ersetzen Fleisch, Fisch, Wurst und Milchprodukte (bitte Nüsse und Samen vor dem Verzehr ankeimen lassen – aus Nüssen und Samen lassen sich milchähnliche Getränke, Nuss-Käse, auch Sauercremes und Joghurt herstellen).
- Frisch gepresster Zitronensaft ersetzt Essig.
- Für die Zubereitung gilt: Bei der Verdauung von erhitzten Speisen entstehen grundsätzlich eher Säuren. Dieselbe Speise roh verzehrt wird oft basisch verstoffwechselt, zum Beispiel Tomaten: frische Tomaten sind basisch, gekochte Tomatengerichte wie Tomatensoße, aber sind außerordentlich sauer.

- Reines kohlensäurefreies Quellwasser ersetzt industriell gefertigte Säfte aller Art und kohlensäurehaltige Getränke.
- Süßigkeiten, Kaffee, Kakao, Alkohol, Zigaretten, Lebensmittelzusätze wie Konservierungsstoffe, Farbstoffe etc. und Medikamente aller Art, wenn irgend möglich, meiden. Sie lassen im Körper Säuren entstehen.(sprechen Sie mit Ihrem Arzt!)

Studien über die Vorteile einer basischen Ernährung:

Gerry K. Schwalfenberg „The Alkaline Diet: Is There Evidence That an Alkaline pH Diet Benefits Health?" J Environ Public Health. 2012; 2012: 727630. Published online 2011 October 12. doi: 10.1155/2012/727630 (Die Basische Ernährung: Gibt es Anzeichen dafür, dass die Ernährung mit basischem pH der Gesundheit dient?)

Adeva MM, Souto G. „Diet-induced metabolic acidosis." Clin Nutr. 2011 Aug;30(4):416-21. doi: 10.1016/j.clnu.2011.03.008. (Ernährungsbedingte metabolische Azidose.)

E.W. Kun, A.W. Yu „ELECTROLYTES | Acid–Base Balance" in Encyclopedia of Food Sciences and Nutrition (Second Edition) 2003, ISBN: 978-0-12-227055-0, Pages 2048–2055 (ELEKTROLYTE | Säure-Basen-Gleichgewicht)

Frassetto L et al., „Diet, evolution and aging--the pathophysiologic effects of the post-agricultural inversion of the potassium-to-sodium and base-to-chloride ratios in the human diet." Eur J Nutr. 2001 Oct;40(5):200-13. (Ernährung, Evolution und Alterung - die pathophysiologischen Wirkungen der post-landwirtschaftlichen Umkehrung der Kalium-zu-Natrium- und Basen-zu-Chlorid-Verhältnisse in der menschlichen Ernährung.) [Quelle: Zentrum der Gesundheit)Das gesunde Frühstück

Frühstück

Das basische und auch das basenüberschüssige Frühstück auf der Grundlage frisch zubereiteter Lebensmittel hat sehr viele Vorteile. Es ist frei von künstlichen Lebensmittelzusatzstoffen, verschont den Organismus folglich vor belastenden Substanzen und hilft dem Körper zu entsäuern. Sie ermöglicht ihm eine grundlegende Entschlackung. Das basische Frühstück versorgt mit einer Vielzahl an Vital- und Mineralstoffen, und letztendlich aktiviert es ganz enorm das Immunsystem und damit die Selbstheilungskräfte.

Basisch oder basenüberschüssig?

Während die basische Ernährungsweise zu 100 Prozent aus basischen Lebensmitteln besteht, setzt sich die basenüberschüssige Ernährung zu 80 Prozent aus basischen und zu 20 Prozent aus säurebildenden Lebensmitteln zusammen. Hier ist zu beachten, dass säurebildende Lebensmittel nicht unbedingt schlecht und ungesund sind. Es gibt nämlich gute und schlechte säurebildende Lebensmittel.

Kurzfristig basisch – langfristig basen-überschüssig

E i n e rein basische Ernährung kann unter Umständen – wenn sie sehr vielseitig und sorgfältig zusammengestellt wird – dauerhaft praktiziert werden.

Da dies aber so viel Enthusiasmus, Zeit und Konsequenz erfordert, wie es bei den wenigsten Menschen anzutreffen ist, empfehlen wir die basische Ernährung lediglich für einen überschaubaren Zeitraum, der zur Entgiftung und Ausleitung von Stoffwechselrückständen genutzt wird.

Im Anschluss daran kann dauerhaft und mit großartigem Erfolg die basenüberschüssige Ernährung praktiziert werden.

Bei basenüberschüssig ist alles möglich: low carb, vegan, mit Fleisch, roh oder gekocht.

Die basenüberschüssige Ernährung kann nach den persönlichen Vorlieben sehr stark variiert werden. Wer beispielsweise Kohlenhydrate reduzieren möchte, kommt bei der basenüberschüssigen Ernährung voll auf seine Kosten, da die hauptsächlichen Kohlenhydratlieferanten – nämlich Back- und Teigwaren – zu den schlechten Säurebildnern gehören und daher automatisch gemieden werden. Die erlaubten 20 Prozent aus guten säurebildenden

Lebensmitteln können dann mit Gerichten aus Nüssen und/oder hochwertigen tierischen Produkten aus biologischer Weidehaltung gestaltet werden.

Wer die vegane Lebensweise favorisiert, hat mit der basenüberschüssigen Ernährung verständlicherweise keine Probleme und kann hier bei den zur Verfügung stehenden pflanzlichen Lebensmitteln aus dem Vollen schöpfen.

Die basenüberschüssige Ernährungsweise kann ferner ganz *normal*, also zum großen Teil gekocht, verzehrt und mit einem gewissen Rohkostanteil lediglich ergänzt werden. Sie kann aber auch problemlos als reine Rohkosternährung gestaltet werden, wobei auch hier wieder alle Richtungen (vegan oder vegetarisch) möglich sind.

Basisch frühstücken

D a s Frühstück sollte jedoch – ob Sie sich nun basisch oder basenüberschüssig ernähren – bevorzugt ein rein basisches Frühstück sein. Am Vormittag ist der Organismus noch mit der Ausleitung der in der nächtlichen Entgiftungs- und Verdauungsarbeit angefallenen Stoffwechselrückstände beschäftigt. Diese äußerst wichtigen Aktivitäten sollten keinesfalls gestört werden, wie das etwa der Fall wäre,

wenn *normal* gefrühstückt wird, also beispielsweise mit Müsli und Milch, mit Kuchen und
Kakao, mit Eiern und Speck, mit Brötchen und
Marmelade, mit Toast und Schinken etc. Stattdessen sollte die morgendliche Aufräumarbeit
mit einem leichten, frischen, vitalstoffreichen
und wasserhaltigen, kurz, mit einem basischen
Frühstück unterstützt und beschleunigt werden.

Auch beim basischen Frühstück gibt es
sehr viele Varianten, sodass für nahezu jeden
Geschmack etwas dabei ist. Was in jedem basischen Frühstück jedoch fehlt, sind die folgenden fünf Nahrungsmittelgruppen:

Kaffee (Bohnen- und Getreidekaffee)
Schwarz- beziehungsweise Grüntee,
Milchprodukte
Backwaren
Fleisch-, Fisch- und Eierspeisen
Zuckerhaltige Produkte wie Schokoauf-
striche, Marmelade, gezuckerte Früh-
stücksflocken, Donuts etc.

Oder gar nicht frühstücken?

*B*evor ich zu den konkreten basischen
Frühstücksvorschlägen komme, sollte
klar sein, dass sich niemand zu einem Frühstück

zwingen muss, auch nicht zu einem basischen Frühstück, wenn er am Morgen keinen Appetit hat. Die immer wieder gepredigte Mähr vom, ach so wichtigen und unverzichtbaren Frühstück, kann getrost vergessen werden.

Wer morgens nichts essen mag, lässt es bleiben und hat dadurch keinerlei Nachteile zu befürchten. Ganz im Gegenteil. Sehr viele Menschen trinken am Morgen ein Glas Wasser und sind bis zum Mittag hochgradig konzentrationsfähig und zu Höchstleistungen imstande. Würde man diese Menschen zu einem Frühstück nötigen, dann fiele ihre Leistung ins Bodenlose. Ja, manche Menschen würden sich nach einem – wie es immer wieder empfohlen wird – kaiserlichen Frühstück am liebsten gleich wieder ins Bett legen.

Andere Menschen wiederum gingen bislang jedoch nur deshalb ohne Frühstück aus dem Haus, weil ihnen die übliche Frühstücksauswahl einfach nicht zusagte. Für viele dieser Menschen ist ein leichtes basisches Frühstück eine regelrechte Offenbarung, sodass sie erst jetzt mit Lust und Appetit frühstücken können.

Entscheiden Sie also ganz individuell, ob Sie nun viel oder wenig oder gar nicht frühstücken möchten. Und damit komme ich nun endlich zur Praxis des basischen Frühstücks.

Die Praxis

Wählen Sie morgens – ganz nach Appetit, Lust und Laune – ein leichtes, mittleres oder reichhaltiges basisches Frühstück aus. Viele Rezepte sind sehr schnell zubereitet, sodass niemand am Morgen stundenlang in der Küche stehen muss. Etliche Rezepte erfordern etwas Organisationstalent, weil sie nicht am Morgen, sondern auf Vorrat schon am Tag zuvor hergestellt werden (wie Cracker oder Keimlingsbrote).

Frisch gepresste Säfte

Das können reine Fruchtsäfte aus beispielsweise Äpfeln, Birnen und Zitrusfrüchten sein.

Das können reine Gemüsesäfte beziehungsweise Gemüsesaftmischungen aus Karotten, Rote Bete, Spinat, Sellerie, Petersilie etc. sein.

Das können aber auch Mischungen aus Frucht- und Gemüsesäften sein, wie Apfel-Ananas-Möhren-Saft oder Orangen-Trauben-Fenchelsaft oder Apfel-Spinat-Saft etc.

Denken Sie daran, die Säfte SEHR langsam zu trinken, sie gut einzuspeicheln und nur in kleinsten Schlückchen zu sich zu nehmen. Nur so können sie optimal verdaut werden.

Statt einen Entsafter zu bemühen, können Sie im Mixer auch Smoothies aus ganzen Früchten und Gemüsen zubereiten. Je härter Ihr Mixgut ist, umso leistungsfähiger sollte der Mixer sein. Bei Smoothies sollten Sie jedoch Früchte nur mit Blattgemüse und nicht mit Wurzelgemüse mischen.

Wenn Sie Ihren Saft mit Ballaststoffen anreichern möchten, dann können Sie einen Esslöffel Erdmandelmehl oder Kokosmehl einrühren.

Grasdrinks

E i n Grasdrink ist ein wunderbares, hochbasisches Getränk – voller Mikronährstoffe, Antioxidantien, sekundärer Pflanzenstoffe und Chlorophyll. Es enthält alles, was in der üblichen Nahrung kaum noch enthalten ist und uns tagtäglich fehlt. Grasdrinks können aus selber gezogenem Weizen-, Gersten-, Dinkel- oder Kamutgras hergestellt werden, indem man die jungen grünen Halme erntet, wenn sie etwa 10 bis 15 cm hoch sind und sie in einem dafür geeigneten Entsafter in einen grünen Saft verwandelt. Ein reiner Grassaft schmeckt sehr extrem, weshalb die meisten Menschen 50 bis 100 Milliliter davon mit einem Fruchtsaft oder wenigstens mit etwas Wasser verdünnen.

Da der Anbau von Getreidegräsern sehr aufwendig ist und man große Mengen Gras benötigt, um auch nur wenige Milliliter Grassaft zu gewinnen, bietet sich als Alternative, hochwertiges und sorgfältig gewonnenes Graspulver an, das jederzeit zur Hand ist und sich in Sekundenschnelle mit Wasser oder Saft und einem Schüttelbecher oder einem Mixer in einen leckeren grünen Drink verwandeln lässt.

Frische Früchte oder Fruchtsalat

Früchte können natürlich einfach so aus der Hand gegessen werden. Sie können jedoch auch in eine Früchtecreme oder in einen paradiesischen Fruchtsalat verwandelt werden. Ideal ist hier, wenn Sie süße und säuerliche Früchte kombinieren, zum Beispiel Bananen mit roten Johannisbeeren. Beides mit ein wenig Bio-Vanille (und falls erwünscht einem Löffel Honig oder entsteinten Datteln) in den Mixer und die rote Creme genüsslich löffeln.

Ein tropischer Fruchtsalat aus bunten Früchten, wie Ananas, Bananen und Mango, vermag einen ins Paradies zu versetzen, wenn man ihn mit einer frischen, selbst hergestellten Erdbeer- oder Himbeersauce übergießt. Für die Sauce die Beeren in den Mixer geben und flüssig mixen. Jetzt nach Geschmack entsteinte Datteln dazugeben und mixen, bis die Datteln ebenfalls flüssig sind – fertig.

Früchte werden am besten verdaut, wenn Sie allein für sich gegessen werden. Falls Ihnen Kombinationen keine Verdauungsprobleme bereiten, können Sie Ihren Fruchtsalat mit basischen Leckereien garnieren, wie zum Beispiel Erdmandelflocken oder Erdmandelchips.

Mandeln sind viel mehr als ein gelegentlicher Snack oder eine weihnachtliche Backzutat. Abgesehen von ihrem hochkarätigen Nähr- und Vitalstoffspektrum, wirkt sich der regelmäßige Verzehr von Mandeln äußerst positiv auf unsere Gesundheit aus. Wenn wir täglich nur 60 Gramm Mandeln (oder Mandelpüree) verzehren, dann schützt uns dies laut aktuellen Studien bereits vor Diabetes, vor Herz Kreislauf-Erkrankungen, vor einem hohen Cholesterinspiegel und führt möglicherweise zu einer Verbesserung der Knochendichte – und zwar ohne dabei zu einer Gewichtszunahme zu führen!

Die Mandel liefert zudem viele ungesättigte Fettsäuren, Mineralstoffe wie Magnesium, Kalzium und Kupfer sowie große Mengen der Vitamine B und E. Nur wenige Löffel eines hochwertigen Bio-Mandelpürees decken einen Großteil des täglichen Mindestbedarfes an Magnesium.

Da gleichzeitig Kalzium im richtigen Ver-

hältnis enthalten ist, können beide Mineralstoffe vom Körper perfekt aufgenommen und
verwertet werden. Vitamin E ist ein bekanntes
Antioxidans, das uns vor freien Radikalen bewahrt. Es schützt außerdem die in der Mandel
enthaltenen ungesättigten Fettsäuren, sodass
diese dem Menschen in höchster Qualität zu
Verfügung stehen. Vitamin B1 stärkt zudem die
Nerven und Vitamin B2 versorgt jede einzelne
unserer Zellen mit Energie.

Das basische Frühstück für Hungrige

Wer gerne herzhaft und gleichzeitig
leicht frühstücken möchte, wählt eine
Gemüsesuppe. Diese kann auch bereits am Vor-
tag zubereitet und dann am Morgen nur noch
kurz angewärmt werden. Natürlich darf es sich
NICHT um eine Fertigsuppe handeln. Notfalls
könnten Sie als Grundlage ein hefefreies Sup-
penpulver aus dem Bio-Handel verwenden und
nur noch frisches Gemüse hinzufügen. Ein sehr
einfaches und köstliches Rezept ganz ohne Fertigprodukte ist jedoch das folgende:

Leichte Gemüsesuppe

Zutaten für 1 bis 2 Portionen:

1 TL Kokosöl oder Ghee
1 Zwiebel
250 g Gemüse der Saison
½ Liter Wasser
½ Bund Petersilie
und/oder
andere Gartenkräuter
Meersalz
Pfeffer
Muskat
Bio-Butter

Eine Zwiebel hacken und in ein wenig Kokosfett oder Ghee andünsten. 250 Gramm Gemüse der Saison klein schneiden (zum Beispiel Brokkoli, Fenchel, Karotten, Pastinaken, Blumenkohl, Mangold oder was auch immer Ihnen mundet) und dazu geben, umrühren und kurz anbraten lassen.

Mit ½ Liter Wasser (oder auch mehr, wenn Sie lieber dünne Suppen essen) ablöschen, aufkochen und nur wenige Minuten leicht köcheln lassen – so lange, bis das Gemüse etwas weich ist, aber noch Biss hat. Erst zum Schluss geben Sie einen halben Bund Petersilie oder andere frische Gartenkräuter (fein gewogen/gehackt) hinzu und schmecken mit Meersalz, Kräutersalz oder Steinsalz, Muskat und frisch gemahlenem Pfeffer oder etwas Tamari ab.

Wenn Sie die Suppe lieber püriert mögen, dann pürieren Sie sie, geben aber erst nach dem Pürieren die Kräuter dazu und lassen kurz vor dem Servieren einen Löffel Bio-Butter oder Kokosöl darin schmelzen.

Mein persönliches Frühstück

A l s erstes nach dem Aufstehen trinke ich ein Glas Wasser, manchmal heiß, manchmal kalt. Hin und wieder presse ich den Saft einer Zitrone aus und gebe ihn zu dem Wasser hinzu. Ich bin für Abwechslung.

Meine zweite «Mahlzeit» ist dann entweder ein Smoothie oder ein frisch ausgepresster Obst-Gemüsesaft. Bis Mittag verspüre ich dann auch keinen Hunger und habe die Vitalität, den ganzen Vormittag konzentriert durchzuarbeiten. Während meiner Ausbildung zur Gesundheitsberaterin habe ich viele Dinge ausprobiert und meinen persönlichen Ernährungsfahrplan gefunden, abwechslungsreich und lecker.

Ich hätte nie gedacht, dass unsere Ernährung so unmittelbar mit unserer Gesundheit zusammenhängt und wie wichtig es ist, nicht nur gesund zu essen, sondern uns auch mit guten

Gedanken, Freude und Spaß zu füllen.

Negative Gedanken, Stress und Streit übersäuern den Körper, während Liebe, Freude, Glück und Zufriedenheit dazu beiträgt, unseren Körper im Basengleichgewicht zu halten.

Körper, Geist und Seele gehören zusammen und man kann sie nicht trennen, weder in der Diagnose von Krankheiten, noch bei der Heilung derselben.

Schon gewusst?

D *e r* Darm ist das Symbol für das Leben an sich, während das Herz für die Liebe steht, die Lunge für die Freiheit, die Leber für Unsterblichkeit und die Nieren symbolisieren das Gleichgewicht, das eine echte Partnerschaft auszeichnet. Jedes Organ steht für etwas und wenn wir eine Krankheit haben, sollten wir einmal überprüfen, wo wir etwas ändern können oder wo wir blockiert sind.

Getränke zum basischen Frühstück

W *i e* Sie gesehen haben, sind die Variationen für leichte und mittlere basische Frühstücke grundsätzlich sehr wasserhaltig. Ob Säfte, Suppen, Früchte oder Smoothies – sie enthalten alle ausreichend Flüssigkeit, sodass normalerweise überhaupt kein Verlangen nach einem zusätzlichen Getränk aufkommen wird.

Anders sieht es bei einem basischen Frühstück für Leute mit gutem Morgenappetit aus. Müslis und Sprossenbrote mit Aufstrich können oft Lust auf ein Getränk machen.

Generell empfehle ich jedoch, zu den Mahlzeiten besser nichts zu trinken, da dadurch die Verdauungskraft geschwächt würde. Trinken Sie besser gleich nach dem Aufstehen ein Glas Wasser (pur oder mit einem Schuss Zitrone) oder auch einen Basen- oder Ingwertee.

Von beidem (Zitronenwasser oder Tee) können Sie sich eine oder zwei Thermoskannen füllen und diese dann mit zur Arbeit nehmen beziehungsweise im Laufe des Vormittags, ab etwa einer Stunde nach dem Frühstück, trinken.

Wenn Sie jedoch während des Frühstückes oder kurz danach definitiv durstig werden, so trinken Sie natürlich etwas. Durstsignale des Körpers sollten nie übergangen werden.

Vielleicht können Sie jedoch dafür am nächsten Tag ganz bewusst VOR dem Frühstück trinken. Sie werden selbst spüren, dass Ihnen diese Reihenfolge viel besser bekommen wird.

Mittagessen
Abendessen
und
Zwischenmahlzeiten

A *u s* den vielen basischen Zutaten haben wir viele Möglichkeiten unsere Mahlzeiten zu gestalten.

Wir können uns Mittags einen schönen bunten Salat zubereiten oder auch eine warme Mahlzeit zaubern. In der Tabelle der basischen Lebensmittel werden Sie sicher Obst und Gemüse finden, welches Sie gerne essen.

Probieren Sie auch Hirse, Quinoa und Amaranth, aus diesem Pseudogetreide lassen sich viele schmackhafte Mahlzeiten zubereiten.

Egal, was Sie sich auch aussuchen, solange Sie sich im Basenüberschuss ernähren, werden Sie sich gesund und vital fühlen.

Als Zwischenmahlzeiten snacken Sie ein paar Datteln oder essen Sie einen Apfel oder eine Banane. Auch hier bietet uns die Natur erlesene Früchte.

Auf meiner Webseite finden Sie eine Vielzahl von leckeren Gerichten.

http://basensaeurengleichgewicht.de

191 Rezepte in dem Buch:

Gesund mit Basischer Ernährung
Rezepte
basisch, vegan und vegetarisch

Noch mehr basische Getränke

Natürliche Basendrinks

$\mathcal{B}$asendrinks bestehen meist aus einer Mischung willkürlich kombinierter und künstlich hergestellter Mineralstoffverbindungen, die zudem nicht jeder problemlos verträgt. Doch gibt es auch vollkommen natürliche und ganzheitliche Basendrinks – gemacht aus jener Lebensmittelkategorie mit dem höchsten Basenpotential: Aus grünem Blattgemüse. Natürliche Basendrinks sind nicht nur stark basisch und optimal bekömmlich, sondern versorgen außerdem mit Vitalstoffen, sekundären Pflanzenstoffen und Antioxidantien in ihrer natürlichen Bestform.

Natürliche Basendrinks aus Gräsern

$\mathcal{F}$ertige Basendrinks sind nicht immer gesund.
Basendrinks sind beliebt. Schließlich sollen sie sehr gesund sein. Ein Blick auf die Zutatenliste so mancher Basendrinks lässt daran aber nicht selten Zweifel aufkommen.

Neben einzelnen Mineralien finden sich da Zucker, Fructose, Aromen, künstliche Vitamine und Säuerungsmittel. In einen Drink, der den Körper verwöhnen und umsorgen soll und keinesfalls belasten darf, passen Zutaten dieser Art jedoch nicht.

Wenn Sie also auf der Suche nach einem Basendrink sind, so wählen Sie besser einen Drink ohne derlei Zusätze. Basendrinks auf Basis verschiedener Mineralstoffe sollten auch nur Mineralstoffe enthalten wie z. B. Citrate oder Carbonate. Alles Weitere ist für einen Basendrink völlig überflüssig, wenn nicht gar schädlich.

Natürliche Basendrinks mit reichhaltigen Inhaltsstoffen

D o c h gibt es da auch noch ganz natürliche Basendrinks, die aus nichts anderem als grünen Pflanzen bestehen und daher an Natürlichkeit nicht mehr zu übertreffen sind.

Diese Basendrinks können aus grünen Gräsern bestehen, aus grünem Blattgemüse, aus Kräutern oder auch aus Wildpflanzen – und zwar in getrockneter und pulverisierter Form.

Sie werden nicht nur mit basischen Mineralstoffen, sondern noch mit viel mehr wertvollen Substanzen, von denen jede ihre ganz besondere Wirkung auf die menschliche Gesundheit ausübt, versorgt.

Dazu gehören Vitamine, Enzyme, Aminosäuren, leicht verträgliche Ballaststoffe, Bitterstoffe, Antioxidantien, Spurenelemente und Mineralien.

Auch ist der Chlorophyll-Anteil der grünen Basendrinks und damit ihr entgiftendes Potential außerordentlich groß.

Zusätzlich versorgen sie mit zahlreichen sekundären Pflanzenstoffen durch deren Eigenschaften und positive Auswirkungen auf die menschliche Gesundheit.

Alle diese Inhaltsstoffe der natürlichen Basendrinks tragen in ihrem perfekten Zusammenspiel (Synergie) zu einer wirklich tiefgreifenden Entsäuerung und umfassenden Genesung bei.

Natürliche Basendrinks

und ihre vielfältigen Wirkungen

Während also die typischen fertig zu kaufenden Basendrinks lediglich entsäuern (und auch das oftmals mehr schlecht als recht), steckt in natürlichen Basendrinks aus grünen Pflanzen ein ganz anderes Kaliber:

Sie entsäuern auf mehreren Ebenen:

- Sie liefern natürliche Basen.
- Sie aktivieren die körpereigene Basenbildung durch die natürlicherweise enthaltenen Bitterstoffe.
- Sie motivieren zur körpereigenen Säureaus-

leitung und damit zur eigenständigen Regulation des Säure-Basen-Haushaltes.

- Sie unterstützen außerdem die Verdauung und die Gesundheit der Darmflora.
- Sie wirken entzündungshemmend.
- Sie sind krebsfeindlich.
- Sie haben antibakterielles Potenzial.
- Sie passen sehr gut in eine Anti-Pilz-Kur, da sie antimykotische[4] Eigenschaften haben.
- Sie wirken antioxidativ.
- Sie liefern Nähr- und Mikronährstoffe.
- Sie motivieren das Immunsystem.
- Sie wirken sich positiv auf die Leber aus.
- Sie fördern die Entgiftung.
- Sie sind reich an Kalium und Magnesium.
- Sie versorgen mit Eisen.
- Sie sind hervorragende Quellen für Folsäure.
- Sie sind also nicht nur praktische Mittel zur Unterstützung der Entsäuerung, sondern echte Lebensmittel, die den Körper überdies nähren, vitalisieren und pflegen.

---

4   pilzhemmend

Grasdrinks

*Z*u den natürlichen Basendrinks gehören Drinks aus Getreidegras:

- Weizengras
- Gerstengras
- Dinkelgras

Weizengras

*D*er Geschmack von Weizengras geht in die süßlich-herbe Richtung. Weizengras belebt den Körper, da es das sympathische Nervensystem (Sympathikus) anregt und die Adrenalinausschüttung aktiviert. Der Sympathikus ist jener Teil unseres Nervensystems, der uns munter, leistungsfähig und alltagstauglich sprich kampfbereit macht.

Aus diesem Grund gilt Weizengras als ausgezeichneter Fitmacher und daher als ideale Zutat zu einem morgendlichen Basendrink.

Weizengras ist überdies eine hervorragende Eisenquelle und deckt beim Verzehr von drei (3) Teelöffeln Weizengraspulver bereits die Hälfte des täglichen Eisenbedarfs von 15 mg.

Menschen mit Candida-Belastung sollten jedoch das herbere Gerstengras wählen, das nicht nur weniger süß schmeckt, sondern auch ganz besonders gut auf die Darmgesundheit einwirkt.

Gerstengras

Gerstengras schmeckt im Vergleich zum Weizengras herb-würzig. Der Bitterstoffgehalt im Gerstengras ist etwas höher als im Weizengras - was natürlich gesundheitliche Vorteile mit sich bringt, da Bitterstoffe vor allem die Verdauung im Bereich des Gallenflusses sowie der Leber- und Bauchspeicheldrüsenaktivität positiv beeinflussen.

Das Gerstengras unterstützt insgesamt sämtliche Regulierungsmechanismen des Körpers. Daher gilt es als eines der besten Mittel zur Reinigung, Entgiftung, Regeneration - und somit zur Verjüngung des gesamten Körpersystems.

Zwei verschiedene Pulver aus Gerstengras stehen zur Verfügung:

Das pulverisierte Gerstengras und der pulverisierte Gerstengrassaft

Pulverisiertes Gerstengras enthält das ganze Gras, also auch die gerstengrastypischen Ballaststoffe, die in der fein gemahlenen Form sehr gut verträglich sind und für eine verbesserte Verdauung sorgen können.

Der pulverisierte Gerstengrassaft hingegen ist nahezu frei von Ballaststoffen. Dadurch steigt natürlich die Konzentration der Nähr- und Mikronährstoffe, sodass der Gerstengrassaft die Essenz des Gerstengrases darstellt.

Gerstengras soll – im Gegensatz zum Weizengras – eine eher beruhigende Wirkung innehaben. Ein Basendrink aus Gerstengras ist daher auch ein ausgezeichneter Schlummertrunk.

Dinkelgras

D *e r* Geschmack von Dinkelgras wird als angenehm würzig bezeichnet. Dinkelgras ist für all jene das Gras der Wahl, die dem bekannten Hildegard-Urgetreide eine besondere Sympathie entgegen bringen.

Im Gegensatz zum Weizen ist der Dinkel natürlich nicht annähernd so stark züchterisch verändert und verfügt noch eher über die urtümlichen Eigenschaften eines Wildgrases.

Das Dinkelgras gilt aus energetischer Sicht – genau wie der Dinkel – als nervenstärkende Gehirnnahrung, die den Körper wärmt und viel Kraft spendet.

Insgesamt handelt es sich hier – wie bei allen Getreidegräsern – um ein Lebensmittel, das den Körper bei der Wiederherstellung seiner inneren Ordnung unterstützt, da es in allen Bereichen seine regulierende Wirkung entfaltet.

Grünes Blattgemüse, Kräuter und Wildpflanzen

E ine weitere Kategorie der natürlichen Basendrinks stellen Drinks aus pulverisiertem Blattgemüse und pulverisierten Wildpflanzen dar, wie Spinat, Petersilie, Löwenzahn und Brennnessel.

Spinatdrink

S pinat ist eines der basischsten Lebensmittel überhaupt. Spinat ist ferner ein sehr guter Eisenspender, auch wenn ihm diese Eigenschaft immer wieder abgesprochen wird. Doch liefert Spinat bereits in frischer Form 4 mg Eisen pro 100 g – und genau diese Eisenmenge steckt jetzt in nur 10 g Spinatpulver.

Petersiliendrink

P etersilie ist ebenfalls hochbasisch. Sie reinigt ferner das Blut und hilft bei der Entgiftung. Besondere ätherische Öle in der Petersilie wirken gegen Mundgeruch. Bei zahlreichen Verdauungsbeschwerden hilft die Petersilie im Nu – ob Sodbrennen, Völlegefühl oder Aufstoßen. Zusätzlich beugt das würzige Kräutlein Nieren- und Blasensteinen vor und kümmert sich mit reichlich Vitamin K um die Gesundheit der Knochen und der Blutgefäße. Sogar vor Lungenkrebs soll die Petersilie schützen können, da sie schädliche Gifte aus der Atemluft neutralisiert.

Löwenzahncocktail

*A*uch der Löwenzahn ist eine stark basische Pflanze. Seine Spezialgebiete sind der Verdauungstrakt sowie die Gallen- und Leberfunktionen. Aber auch bei Harnwegsinfekten oder zur Stärkung infektanfälliger Harnwege sollte der Löwenzahn zum Einsatz kommen. Zum Basendrink machen den Löwenzahn unter anderem seine hohen Kalium-, Magnesium-, Kalzium- und Eisenwerte. Doch auch seine Bitter- und Vitalstoffe sorgen für eine hochgradige Basenwirkung.

Brennnesselsaft

*D*ie basische Brennnessel ist DIE Pflanze zur Entgiftung und Entschlackung. Hohe Kaliumgehalte machen sie außerdem zur Heilpflanze für die Harnwege und das Herz.

Gegen Eisenmangel ist sie mindestens so ideal einsetzbar wie der Spinat. Für die Leber ist die Brennnessel schon seit Paracelsus ein entlastender Helfer und bei entzündlichen Darmerkrankungen wird sie auch in der modernen Phytotherapie verordnet. Die entzündungshemmenden Eigenschaften der Brennnessel zeigen sich überdies in ihrer schmerzlindernden Wirkung bei rheumatischen Beschwerden.

Grüne Smoothies in Sekundenschnelle

*D*ie pulverisierten Grünpulver – ob aus Gräsern, Blattgemüse oder Kräutern – vereinfachen die Herstellung grüner Smoothies ungemein. Es ist jetzt nicht mehr unbedingt erforderlich, jeden Tag frisches Grün im Haus zu haben.

Ist der Kühlschrank einmal leer, dann greift man einfach zum grünen Pulver aus Spinat, Brennnessel, Petersilie, Löwenzahn oder zu einem Graspulver.

Mit dem Löwenzahn- und Brennnessel-blattpulver stehen jetzt auch die kraftvollsten Wildpflanzen jederzeit zur Verfügung – und zwar auch ohne zuvor einen Abstecher in Wald und Flur einplanen zu müssen.

Für einen grünen Smoothie gibt man eine

oder mehrere Sorten Grünpulver zu Früchten und Wasser und mixt die Mischung gut durch – fertig ist der grüne Smoothie.

Je mehr der genannten Grünpulver man miteinander kombiniert, umso besser. Ihre Wirkungen und Eigenschaften ergänzen und verstärken sich gegenseitig, sodass eine hervorragende Gesamtwirkung auf den Organismus erzielt werden kann.

Ideal ist es dabei, wenn man aus jeder Kategorie ein Grünpulver auswählt, also ein Graspulver, ein Gemüsepulver und ein Kräuterpulver.

Vorschläge für Grünpulver-Kombinationen

- Basen-Mix 1: Weizengras, Spinat und Petersilie: Mildsüß mit leicht würziger Note
- Basen-Mix 2: Dinkelgras, Spinat und Brennnessel: Mild-süß
- Basen-Mix 3: Gerstengras, Petersilie und Löwenzahn: Würzig

Selbstverständlich können die basischen Grünpulver auch einfach in Wasser oder in Ihren Lieblingssaft gerührt werden. Auch in Salatdressings, ins Gemüse, ins Keimbrot, in Linsensalat, in Brotaufstriche, in Avocadocreme, in Energiekugeln und in vieles weitere mehr passen die grünen Pulver ganz hervorragend.

Und es geht nichts über die frischen Smoothies, die man sich aus dem Garten holt. Ob Löwenzahn, Portulak, Brennnessel, Giersch, Wermut, Schnittlauch, Petersilie, Minze, der Phantasie sind da keine Grenzen gesetzt. Ich nehme, was ich gerade finde und verwandele es mit meinem Mixer in ein gesundes Getränk.

Zutaten aus dem Garten

Ich persönlich ziehe es vor, jeden Morgen in meinen Garten zu gehen, um mir die Kräuter und Wildpflanzen frisch zu pflücken. Ich nehme das, was der Garten so gerade hergibt. Löwenzahn, nicht nur die frischen zarten Blätter, sondern auch die Blüten. Kapuzinerkresse, zarte Blätter und Blüten, die Blüten von Ringelblumen und Gänseblümchen. Schnittlauch, Minze und Petersilie, Giersch - die meisten Menschen fluchen, wenn es in ihrem Garten wächst - :-), nutze ich für einen leckeren frischen Smoothie. Dazu nehme ich eine Banane, frisch ausgepressten Orangensaft und Kokosmilch. Alle Zutaten in einen Mixer und eine

Minute auf höchster Stufe pürieren. Ein Liter dieses Getränkes ersetzt eine Mahlzeit und liefert alle lebenswichtigen Nähr- und Vitalstoffe in ausreichender Menge.

Selbst meine Enkelkinder schätzen inzwischen dieses wunderbare Getränk. Leonardo meinte bei seinem letzten Besuch: «Oma, du musst dieses Rezept der Mama geben, sie soll das auch mal machen. Ist echt lecker.»

Gesund und schlank mit einer Saftkur

Eine Saftkur hilft Ihnen dabei, Ihre Gesundheit zurückzugewinnen: Säfte sind basisch und entsäuern. Säfte vitalisieren, entgiften und heilen. Mit dieser Saftkur lernen Sie nicht nur köstliche Saftkombinationen kennen, sondern erleben in wenigen Tagen die erstaunlichen Auswirkungen von frisch gepressten Säften auf Ihre Gesundheit, Ihr Gewicht und Ihre Fitness.

Die Magie frisch gepresster Säfte

Säfte liefern lebendige Vitalstoffe, Enzyme und Antioxidantien. Säfte versorgen mit wertvollem Wasser, mit sekundären Pflanzenstoffen, mit organischen Mineralstoffen und bioverfügbaren Spurenelementen. Säfte kurbeln den Stoffwechsel an, unterstützen massiv den Abbau von Übergewicht und leiten effektive Entgiftungsprozesse ein. Die Nähr- und Vitalstoffe aus frisch gepressten Säften gelangen in wenigen Minuten in Ihre Zellen. Endlich erhält Ihr Körper das, wonach er sich seit Jahrzehnten sehnt – und zwar in geballter und natürlichster Form.

Säfte erfüllen Träume

B e i m Wort „Saft" denken Sie vielleicht zu allererst an Orangensaft oder Apfelsaft. Zwar haben auch diese beiden Säfte – wenn sie frisch gepresst wurden – herausragende Wirkungen auf den Organismus. Doch gibt es noch sehr viel wertvollere Säfte. Was halten Sie beispielsweise von Karottensaft, Rote-Bete-Saft und Spinatsaft? Und was von Selleriesaft, Gurkensaft und Kohlsaft? Kennen Sie Kartoffelsaft, Fenchelsaft und Ananassaft? Oder Alfalfasaft, Löwenzahnsaft und Petersiliensaft?

Jeder dieser Säfte hat ganz spezifische Auswirkungen auf den Körper. Kombinieren wir diese Säfte zu schmackhaften Kompositionen und trinken wir sie täglich, dann erfahren wir jene sagenhafte Rundumerneuerung, von der wir jetzt vielleicht noch träumen – weil wir einfach nicht glauben können, dass so etwas überhaupt möglich sein soll. Es ist aber möglich: Nicht mit gekauften, aber mit frisch gepressten Obst- und Gemüsesäften!

Eine Saftkur verändert Sie

F r i s c h gepresste Obst- und Gemüse-säfte helfen sogar in Extremfällen – wie das der stark übergewichtige, chronisch kranke und auf viele unterschiedliche Medikamente angewiesene australische Börsenmakler Joe Cross bewies. Joe unterzog sich einer 60-tägigen Saftkur. Täglich stellte er sich mit seiner Saftpresse frische Obst- und Gemüsesäfte her. Dabei verlor er knapp 50 Kilo Gewicht, genas von seinen chronischen Erkrankungen und musste in der Folge nicht länger seine Medikamente einnehmen. Auf youtube können Sie einen Kurzfilm sehen, der Joe Cross vor, während und nach seiner Kur zeigt. Der Titel des Films lautet: „Fat, sick and nearly dead" (Fett, krank und beinahe tot):

Joe Cross berichtet darin, wie schwer es ihm fiel, die herkömmliche Ernährungsweise hinter sich zu lassen. Doch dann verwandelte sich der unansehnliche und sich schlecht fühlende Joe innerhalb von zwei Monaten – dank einer Fülle der verschiedensten frisch gepressten Säfte und täglicher Bewegung – in einen attraktiven und sportlichen Mann, der heute kein Fastfood mehr anrührt und anderen Menschen dabei hilft, dasselbe zu erreichen. Sein Lebensmotto lautet: **Du kannst die Welt nur verändern, indem du dich selbst veränderst!**

Eine Saftkur hilft heilen

Frisch gepresste Säfte sind auch ein maßgeblicher Bestandteil der sogenannten Gerson-Therapie nach Dr. Max Gerson (1881 - 1959). Dr. Gerson entwickelte die Saftkur zur Heilung von Krebs und Migräne. Im Verlauf der Gerson-Saftkur trinkt man täglich bis zu zwölf Gläser frisch gepressten Saft und widmet sich außerdem der Darmsanierung sowie der Entgiftung der Leber. Mit der Gerson-Methode konnten bereits Krebspatienten im Endstadium geheilt werden, die zuvor erfolglos schulmedizinische Behandlungsverfahren durchlaufen hatten.

Wenn also mit Säften sogar in manchen Fällen Krebs geheilt werden konnte, was glauben Sie, was Säfte für SIE tun können? Probieren Sie es aus! Starten Sie mit zweimal täglich frisch gepressten Säften aus unterschiedlichen Früchten und Gemüsearten – und lassen Sie sich überraschen :-)

Säfte entgiften

Fr i s c h gepresste Säfte wirken umfassend auf den gesamten Organismus. Da sie nur nähren und versorgen, aber nicht belasten, versetzen sie den Körper automatisch in den Entgiftungsmodus – und zwar umso intensiver, je mehr Säfte Sie über den Tag verteilt trinken und je weniger feste Nahrung Sie zu sich nehmen. Aus diesem Grund sind reine Safttage, in denen sich der Körper der inneren Reinigung widmen kann, eine wahre Wohltat für Ihren Organismus. Es genügt ein reiner Safttag pro Monat. Sie müssen also nicht – wie Joe Cross – 60 Tage in Folge nur von Säften leben. Vor allem dann nicht, wenn Sie an allen übrigen Tagen regelmäßig die Säfte in ihren „normalen" Speiseplan integrieren, wenn Sie also frisch gepresste Säfte beispielsweise statt Ihrer üblichen Zwischenmahlzeiten zu sich nehmen.

Eine Saftkur lässt Kilos purzeln

Ihre Körperzellen nutzen die Energie, die Enzyme, die sekundären Pflanzenstoffen und die Antioxidantien der frisch gepressten Säfte, um eingelagerte Gifte und Stoffwechselrückstände endlich auszuscheiden. Je besser dies gelingt, umso nachhaltiger kann sich auch überflüssiges Körpergewicht abbauen. Fett wird nicht selten deshalb im Körper behalten, um Gifte und Schlacken zu „umzingeln" und um auf diese Weise das gesunde Körpergewebe zu schützen. Werden Gifte und Schlacken ausgeleitet, kann auch das Fett schmelzen, weil es jetzt keinen Grund mehr hat, bei Ihnen zu bleiben.

Säfte im Fokus der Wissenschaft

S ä f t e und ihre wunderbaren Effekte auf den Organismus sind übrigens nicht nur ein unbewiesenes Konstrukt der Naturheilkunde. Etliche Auswirkungen von Säften auf die Gesundheit wurden längst wissenschaftlich bestätigt, wie die folgenden Forschungsergebnisse deutlich zeigen:

Karottensaft senkt den Blutdruck

F orscher der Kingsville University in Texas beispielsweise veröffentlichten 2011 im Fachmagazin Nutrition Journal eine Studie, in der sie frisch gepressten Karottensaft näher unter die Lupe genommen hatten. Sie stellten dabei fest, dass das Trinken von täglich einem halben Liter frisch gepressten Karottensaftes über drei Monate hinweg sowohl den Blutdruck (den systolischen Wert) senken und ganz signifikant den Antioxidantienstatus der Testpersonen erhöhen konnte. Die Wissenschaftler schlussfolgerten daraus, dass Karottensaft das Risiko für Herz-Kreislauf-Erkrankungen deutlich reduzieren kann.

Rote-Bete-Saft und Spinatsaft senken den Blutdruck und schützen die Gefäße

B e i Rote-Bete-Saft oder auch Spinatsaft sind viele Menschen misstrauisch, weil sie sich Sorgen um die teilweise hohen Nitratgehalte in diesen beiden Gemüsesorten machen. Hier ist zunächst einmal zu berücksichtigen, dass biologisch angebaute Rote Bete oder Bio-Spinat deutlich weniger Nitrat enthalten als konventionell erzeugte Gemüse. In der konventionellen Landwirtschaft werden große Mengen stark nitrathaltige Kunstdünger eingesetzt, deren Nitrat sich im Gemüse anreichert. Gemäßigte Nitratmengen findet man jedoch genauso in Bio-Gemüse – und das ist auch gut so.[5]

Nitrat hat nämlich durchaus Vorteile: Nitrat wird im Laufe der Verstoffwechselung im menschlichen Körper zu Stickstoffmonoxid ab-

---

5   https://www.ncbi.nlm.nih.gov/pubmed/21943297

gebaut, das für seine gefäßschützende Wirkung bekannt ist. Und so war es wenig überraschend, als sich in einer Studie (aus dem Jahr 2012) mit Rote-Bete-Saft herausstellte, dass der Saft sowohl den systolischen als auch den diastolischen Wert des Blutdrucks signifikant senken konnte – und zwar schon ab einer Dosis von 100 Gramm Saft und über eine Dauer von 24 Stunden hinweg. Die Wissenschaftler verkündeten daraufhin:

Unsere Daten bestätigen erneut die herzschützenden und blutdrucksenkenden Auswirkungen von nitratreichen Gemüsesorten.

Eine weitere Studie (doppelblind und placebokontrolliert), ebenfalls aus 2012, kam zu einem ähnlichen Ergebnis. Die Testpersonen ernährten sich herkömmlich und bekamen entweder 500 Gramm Rote-Bete-Apfel-Saft oder einen Placebo-Saft zusätzlich zu ihrer Ernährung. Bereits sechs Stunden nach dem Trinken des Saftes konnte ein um 4 – 5 mmHg reduzierter Blutdruck gemessen werden.

Orangensaft schützt vor Rheuma

Auch zu frisch gepresstem Orangensaft gibt es mittlerweile wissenschaftliche Ergebnisse. So weiß man längst, dass das regelmäßige Trinken von frisch gepresstem

Orangensaft aufgrund seines Vitalstoffgehalts zu einer besseren Immunlage des Körpers führt. Im Jahre 2005 zeigte sich dann auch in einer Studie der Universität von Manchester, Großbritannien, dass frisch gepresster Orangensaft – schon ab einem Glas pro Tag – auch eine entzündungshemmende Wirkung ausübt und infolgedessen sogar das Risiko, an der sogenannten Polyarthritis, einer chronischen Gelenkentzündung, zu erkranken, deutlich reduzieren kann.

Aus Erfahrungsberichten der Naturheilkunde weiß man natürlich noch viel mehr über Säfte und ihre Wirkungen. So soll Alfalfa-Saft kombiniert mit Karottensaft und Salatsaft den Haarwuchs fördern, Apfelsaft soll bei Fieber und Entzündungen helfen, Fenchelsaft unterstützt die Blutbildung, Gurkensaft die Nieren- und Blasendurchspülung, Kartoffelsaft ist hochbasisch und lindert Gicht und Magenprobleme, Löwenzahnsaft aktiviert einerseits Leber und Galle, kräftigt andererseits aber auch Zähne und Zahnfleisch, Petersiliensaft schützt Augen und Nieren, und Pastinakensaft soll heilsam für die Atemwege sein – um nur einige wenige Beispiele aus einer unendlichen Fülle zu nennen.

Warum eine Saftkur und nicht die ganze Frucht?

Vielleicht fragen Sie sich schon längst, warum man aufwendig Saft für eine Saftkur pressen soll und dann auch noch einen Teil der Frucht (den Trester) wegwerfen muss, wenn man doch auch sehr gut die ganze Frucht oder das ganze Gemüse essen könnte.

Die Saftkur entlastet das Verdauungssystem: Wenn wir einen Apfel oder eine Karotte essen, dann ist ein Teil der Mikronährstoffe an die enthaltenen Faserstoffe gebunden. In aufwändiger Verdauungsarbeit – abhängig davon, wie gut wir gekaut haben – müssen nun die Mikronährstoffe von den Faserstoffen getrennt werden. Dies gelingt nie vollständig. Wenn wir dann auch noch an einer schwachen Verdauungskraft oder generell an Verdauungsproblemen leiden, können noch weniger der so wertvollen Vitalstoffe genutzt werden. Eine hochwertige Saftpresse jedoch nimmt uns diese Arbeit ab. Sie löst mit Leichtigkeit die Vitalstoffe von den Faserstoffen und stellt uns daher ein reines Lebenselixier zur Verfügung.

Säfte werden in Minutenschnelle verdaut. Schon in wenigen Minuten gelangen die Vitalstoffe in die Zellen – und das, ohne jede Verdauungsenergie verschwendet zu haben. Die eingesparte Energie kann jetzt sehr viel sinnvoller für die oft bitter nötige Entgiftung und Schlackenausleitung eingesetzt werden.

Säfte liefern viel mehr Vitalstoffe: Darüber hinaus können wir unseren Körper über frisch gepresste Säfte mit sehr viel mehr Vitalstoffen, Mineralstoffen und Spurenelementen versorgen als mit der ganzen Frucht oder dem ganzen Gemüse. Schließlich würde es uns schwer fallen, an einem Tag 1 Kilogramm rohe Karotten, 6 Äpfel, 1 rohe Fenchelknolle, 1 rohe Pastinake, ¼ eines rohen Kohlkopfes, 100 Gramm frische Gartenkräuter und 100 Gramm frischer Löwenzahn zu essen und all das auch noch intensiv zu kauen. In Form von Saft jedoch gelingt es uns problemlos, diese Menge an Frischkost zu uns zu nehmen.[6]

Säfte und ihr besonderer Zweck

F r i s c h gepresste Säfte sind also in der Tat eine ganz besondere Nahrung, die auch einen ganz besonderen Zweck erfüllen soll. Säfte dienen wunderbar der Entgiftung, Entschlackung und Heilung. Sie sind hervorragend für geschwächte Menschen geeignet, für Menschen mit ausgeprägtem Mikronährstoffmangel und für Menschen mit angeschlagenem Verdauungssystem.

6 Weitere Informationen: www.zentrum-der-gesundheit.de

Säfte - Die natürlichste „Vitaminpille"

$\mathcal{F}$ *r i s c h* gepresste Säfte stellen darüber hinaus die natürlichste Möglichkeit dar, sich mit den hochwertigsten und lebendigsten Vitalstoffen in großen Mengen und hohen Konzentrationen zu versorgen. Säfte sind daher grundsätzlich Fertig-Vitaminpräparaten vorzuziehen. Vitaminpräparate – so natürlich sie auch sein mögen – erleben bei der Herstellung immer gewisse Qualitätseinbußen und sollten daher nur dann eingesetzt werden, wenn wir zwischendurch aus Zeitgründen unseren Vitalstoffbedarf nicht allein mit der Nahrung, mit

Smoothies oder mit Säften zu uns nehmen können.

Abgesehen von gelegentlichen Saftkuren, an dem man wirklich nur frisch gepresste Säfte zu sich nimmt, sollten Säfte jedoch die Ernährung nur ergänzen. Das bedeutet, dass wir frisch gepresste Säfte am allerbesten in eine basenüberschüssige und gesunde Ernährung integrieren sollten. Eine solche Ernährung liefert dann auch ausreichend Ballaststoffe, die den Säften naturgemäß fehlen.

Warum frisch gepresst?

S ä f t e gibt es in unüberschaubarer Vielfalt im Supermarkt. Säfte gibt es außerdem in Bioqualität im Naturkost- und Reformhandel. Warum also sollte man sich die Mühe machen, Säfte **selbst** zu pressen?

Frisch gepresster Saft schmeckt am besten: Kein Fertigsaft – auch nicht der beste Bio-Saft – schmeckt so gut wie frisch gepresster Saft. Das gilt ausnahmslos! Frisch gepresster Saft gewinnt jede Blind-Probe! Probieren Sie es aus!

Frisch gepresster Saft enthält viel mehr Vitalstoffe: Fertigsaft kann ferner – aufgrund des Verarbeitungs- und Lagerprozesses – natürlich auch niemals so viele Vitalstoffe enthalten wie frisch gepresster Saft. Der Vitalstoffgehalt von frisch gepresstem Saft steigt zudem mit der Qualität der eingesetzten Saftpresse.

Trinken Sie nie Säfte aus Konzentrat! Die meisten Säfte aus dem Supermarkt werden überdies aus Saftkonzentrat hergestellt. Das bedeutet, der ursprüngliche Saft wird – meist noch im Ernteland – in ein Konzentrat verwandelt (auf ein Sechstel seines ursprünglichen Gewichts eingedickt), konserviert und mit verschiedenen Aromen und Säuerungsmitteln versetzt. Anschließend wird dieses Konzentrat wieder mit Wasser verdünnt, mit Zucker oder Süßstoffen gesüßt und in Flaschen oder Tetrapacks abgefüllt. Säfte aus Konzentrat sind von äußerst minderwertiger Qualität.

Trinken Sie keine erhitzten Säfte!

Für die sogenannten *Direktsäfte* hingegen werden die Früchte und Gemüse nach der Ernte gepresst und unverdünnt abgefüllt. Sie stellen also eine deutlich bessere Qualität dar als Säfte aus Konzentrat. Allerdings sind alle käuflichen Säfte nahezu ohne Ausnahme – aus Haltbarkeitsgründen – pasteurisiert, also auf etwa 70 Grad erhitzt. Andernfalls würde der Saft früher oder später zu gären beginnen. Vitalstoffe jedoch sind größtenteils hitzeempfindlich und werden durch die Pasteurisierung drastisch reduziert (Enzyme werden vollständig deaktiviert). Vitalstoffe sind ferner lichtempfindlich, oxidieren also unter dem Einfluss von Licht bei der Herstellung oder der Lagerung in Weißglasflaschen. Während der Lagerung reduziert sich der Vitalstoffgehalt – auch ohne Lichteinfluss – weiter. Kein Wunder, dass also nicht einmal für wissenschaftliche Studien gekaufte Säfte verwendet werden, sondern stets frisch gepresste Säfte.

Frisch gepresste Säfte sind preiswert: Darüber hinaus sind die Kosten für einen relativ hochwertigen gekauften Saft nicht geringer als jene Kosten, die man für einen frisch gepressten Saft investieren muss. Wenn man dann auch noch berücksichtigt, dass der gekaufte Saft kaum einen gesundheitlichen Nutzen hat, ist er sogar deutlich kostspieliger als das frisch gepresste Lebenselixier aus einer hochwertigen Saftpresse.

An der Saft-Eigenproduktion führt also kein Weg vorbei. Abgesehen von den bereits genannten Vorteilen frisch gepresster Säfte haben diese jedoch noch weit mehr zu bieten, als Sie ahnen! So können Sie beispielsweise Zutaten verwenden, die kein kommerzieller Safthersteller je einsetzen wird. Dabei handelt es sich um Zutaten, die Ihre Gesundheit noch weiter verbessern können oder Ihnen sogar Ihre verloren gegangene Gesundheit wieder bringen können.

Tipps für eine perfekte Saftkur

B *io ~ Früchte* und Bio-Gemüse: Verwenden Sie Obst und Gemüse aus biologischem Anbau. Auf diese Weise kommen Sie in den Genuss der größtmöglichen Vitalstoffmenge und verhindern gleichzeitig eine Belastung mit Chemikalien aus giftigen Pflanzenschutzmitteln. Einen Großteil der Bio-Früchte und Bio-Gemüse können Sie problemlos ungeschält oder auch mit den Kernen entsaften. Genauso können Sie die Blätter z. B. von Möhren, von Kohlrabi oder von Radieschen entsaften. Auf diese Weise versorgen Sie sich mit jenen seltenen bioaktiven Substanzen, die in der Schale, dem Grün und in den Samen enthalten sind.

Achten Sie auf die richtige Saftpresse:

Experimentieren Sie während der Saftkur! Experimentieren Sie mit neuen Kombinationen, um herauszufinden, welche Saft-Komposition Ihnen am besten schmeckt. Achten Sie jedoch nicht nur auf den Geschmack, sondern auch auf den Nutzen des Saftes. Stellen Sie also einen Saft aus all jenen Früchten, Gemüsen und Spezialzutaten her, die Ihnen in Ihrer augenblicklichen Situation am besten helfen können. Ziehen Sie notfalls entsprechende Literatur zu Rate, um herauszufinden, welche Säfte bei welchen Beschwerden hilfreich sind.

Kombinieren Sie süß mit herb und bitter: Manche Gemüse und Kräuter schmecken in Form von Saft herb und bitter (z. B. grüne Blattgemüse, Kohl, Gräser, Wildpflanzen, Petersilie, Oregano etc.). Unser Geschmackssinn – der dank der Lebensmittelindustrie nur noch süß und herzhaft liebt – sträubt sich gegen Säfte dieser Art. Mischen Sie daher unter herbe und bittere Säfte immer auch eine süßliche Komponente, wie z. B. einen Apfel oder ein paar Karotten. Sie werden feststellen, dass sich Ihr Körper an den neuen Geschmack gewöhnen wird und Sie nach einiger Zeit viel weniger Genuss bei süßen oder stark würzigen Speisen empfinden. Säfte helfen Ihrem Körper, wieder das zu lieben, was auch gut und gesund für ihn ist.

Trinken Sie Grünkohl: Gerade Grünkohl ist ein unglaublich gesundes Gemüse, aber auch ein unglaublich herbes Gemüse. Man nennt Grünkohl auch „das Rindfleisch unter den Gemüsesorten", da er – im Vergleich zu anderen Gemüsesorten – einen relativ hohen Proteingehalt aufweist. Außerdem liefert der Grünkohl doppelt so viel Vitamin C wie Zitronen und fast doppelt so viel Kalzium wie Kuhmilch. In Sachen Folsäure und Vitamin K ist Grünkohl sogar der Spitzenreiter unter allen geläufigen Gemüsesorten. Gleichzeitig ist im Grünteil nur ein Bruchteil (zwei Prozent) der Oxalsäuremenge enthalten, die sich in Spinat befindet. Oxalsäure kann unter Umständen Mineralstoffe an sich binden, sodass diese vom Körper nicht mehr genutzt werden können. Der niedrige Oxalsäuregehalt ist nun zwar ein Vorteil des Grünkohls, soll aber nicht bedeuten, dass Spinat schlecht ist. Spinat enthält so viele hervorragende Stoffe, dass sich allein die Oxalsäure nicht übermäßig qualitätsmindernd auswirken kann.

Der Grünkohl schmeckt gewöhnungsbedürftig, sodass ihn die wenigsten Menschen regelmäßig und in ausreichenden Mengen essen mögen. Wenn Sie den Grünkohl jedoch zu Saft pressen und ihn mit Karottensaft und Apfelsaft mischen, dann erhält man die sagenhaften Inhaltsstoffe des Grünkohls, ohne dabei auf ein genussvolles Geschmackserlebnis verzichten zu müssen. Es gibt gerade keinen Grünkohl? Dann wählen Sie Weiss- oder Rotkohl! Oder auch Wirsing!

Wertvolle Saft-Zutaten: Säfte bestehen übrigens nicht nur aus gepressten Früchten und Gemüsen. Saftrezepturen können mit einer Vielzahl an weiteren höchst wertvollen Zutaten angereichert werden, was die Wirkung der Säfte extrem verstärken kann:

Zitronenschale: Geben Sie beispielsweise nicht nur das Fruchtfleisch einer Zitrone, sondern auch ein Stück der unbehandelten Zitronenschale in die Saftpresse. Die Zitronenschale verleiht Ihrem Saft nicht nur eine spritzig-frische Note, sondern versorgt Sie mit hochwirksamen ätherischen Ölen, mit Flavonoiden sowie mit Pektin. Die Wirkung der Zitronenschale wird infolgedessen mit antibakteriell, verdauungsfördernd und gefäßschützend beschrieben, sodass sich die Zitronenschale besonders positiv auf Ihr Immunsystem und Ihr Verdauungssystem auswirkt sowie bei Venenerkrankungen angezeigt ist.

Frischer Koriander: Frischer Koriander gilt als ein hervorragendes Chelatmittel für Quecksilber. Er soll das Quecksilber besonders aus dem Gehirn ausleiten helfen. Geben Sie also immer mal wieder – wenn Sie Obst und Gemüse pressen – auch etwas Koriander in die Saftpresse. Koriander hat einen spezifischen und sehr intensiven Geschmack. Nicht jeder mag ihn und schon wenige Korianderstängel sorgen dafür, dass der gesamte Saft nach Koriander schmeckt. Dosieren Sie also zunächst vorsichtig.

Da Koriander das Quecksilber aus dem Gewebe lediglich mobilisiert, sollte an Koriandertagen – wenn von einer Quecksilberbelastung, zum Beispiel auf Grund von einstigen Amalgamfüllungen ausgegangen werden kann – zweimal täglich auch immer etwas Bentonit oder eine größere Dosis Chlorella-Algen genommen werden, um das mobilisierte Quecksilber auch absorbieren und ausleiten zu können. So lange Sie noch Amalgamfüllungen in den Zähnen haben, sollten Sie vom reichlichen Korianderverzehr Abstand nehmen.

Frische Petersilie: Petersilie ist ein mächtiges Kräutlein und ihr Saft ist einer der stärksten Säfte überhaupt. Mischen Sie daher nicht zu viel davon in Ihren Saft. 50 Gramm Petersilie pro Liter Saft sind vollkommen ausreichend und bereits hochwirksam. Petersilie ist äußerst kalzium- und eisenreich. In der Naturheilkunde wird Petersiliensaft zur Regeneration der Blutgefäße, zur Förderung der Blutbildung und zur Auflösung von Nierengrieß verwendet. In der Schwangerschaft sollte Petersilie nicht als Saft getrunken werden, da die Petersilie gerade auf die Gebärmutter stark anregend und durchblutungsfördernd wirkt, was – bei einer Überdosis – zu vorzeitigen Wehen führen könnte. Bei nichtschwangeren Menschen hingegen – vor allem bei Männern – ist gerade diese anregende und durchblutungsfördernde Wirkung auf die Geschlechtsorgane so begehrt, da sie die Potenz von Männern merklich erhöht.

Frischer Ingwer: Ein Stück Ingwer (nach persönlicher Vorliebe, etwa 1 cm lang) sollten Sie jeden Tag gemeinsam mit den Früchten und Gemüsen in Ihre Saftpresse geben. Ingwer ist eine höchst heilsame Knolle. Sie enthält ätherische Öle, besondere Fettsäuren, Scharfstoffe und weitere sekundäre Pflanzenstoffe, die in ihrer Gesamtheit wunderbare Auswirkungen auf den Organismus haben. Dazu gehören die schmerzlindernde Wirkung, die antirheumatische und entzündungshemmende Wirkung, die blutdrucksenkende und cholesterinreduzierende Wirkung, die verdauungsfördernde und gallenflussanregende Wirkung sowie eine schnelle Wirkung bei Übelkeit und Erbrechen[7]. Ein Saft ohne Ingwer ist wie ein Tag ohne Lächeln!

Wildkräuter: Wildkräuter sind voller Chlorophyll, Bitterstoffe, basischer Mineralien und sekundärer Pflanzenstoffe. In unseren Kultursalaten gibt es all diese Stoffe nur noch in sehr kleinen Mengen. Mit Wildkräutern können Sie dieses Defizit – völlig kostenlos - kompensieren! Geben Sie daher immer auch einige Wildkräuter mit in die Saftpresse, wie frischen Löwenzahn, Wegerich, Wegwarte, Wiesenlabkraut, Brennnesselblätter, Gänsedistel, Giersch usw.

Gräser: Und wenn Sie schon beim Wildkräuterpflücken sind, dann nehmen Sie auch gleich einige Handvoll Gräser mit. Eine hochwertige Saftpresse zieht die Gräser selbständig

---

7   *besonders wenn Übelkeit und Erbrechen infolge einer Schwangerschaft oder der sog. Reisekrankheit auftreten

ein und presst aus ihnen den hochbasischen Grassaft aus, der sich so wohltuend auf Ihren Magen und Darm auswirken wird, der ihr Blut reinigt und Ihre Haut in frische Pfirsichhaut verwandeln wird. Eine Alternative für Tage, an denen Sie keine Zeit zum Pflücken haben, stellen Pulver aus Weizengras, Gerstengras, Dinkelgras etc. dar. In Ihren fertig gepressten Saft rühren oder mixen Sie dann einfach noch einen Teelöffel Graspulver pro Glas.

Chia-Samen: Chia-Samen sind die winzigen Samen einer südamerikanischen Pflanze. Chia-Samen sind besonders reich an Omega-3-Fettsäuren. Sie quellen ähnlich schnell wie Leinsamen und bilden daher Schleimstoffe, die für das Verdauungssystem einen wahren Segen darstellen. Sie können eine kleine Menge Chia-Samen in einem Mixer oder mit einer Küchenmaschine mahlen und dann in Ihren frisch gepressten Saft mischen. Auf diese Weise nehmen Sie wertvolle Öle zu sich, welche die Aufnahme von fettlöslichen Vitaminen verbessern und Sie gleichzeitig mit lebenswichtigen Omega-3-Fettsäuren versorgen. Säfte mit Chia-Samen sind natürlich sättigender als reine Säfte. Chia-Samen quellen jedoch – wie erwähnt – stark auf. Wenn Sie Ihren Saft einige Minuten stehen lassen, ist das Ergebnis ein Chia-Pudding, den Sie dann als fruchtige Speise mit dem Löffel essen können.

Stangensellerie: Stangensellerie, Bleichsellerie oder auch Staudensellerie ist eine au-
ßergewöhnliche Zutat der gesunden Küche.
Stangensellerie schmeckt salzig, da er reich an
natürlichem Natrium und Kalium ist. Mischt
man den Stangensellerie in den Salat oder mixt
man ein wenig davon in das Salatdressing, fällt
es leicht, die Salzmenge zu reduzieren. Aufgrund seines natürlichen Salzreichtums wirkt
sich Sellerie sehr vorteilhaft auf den Mineral-
stoff- und Temperaturhaushalt des Körpers
aus. An heißen Tagen getrunken, sorgt er dafür,
dass wir gar nicht so sehr schwitzen wie all die
anderen Leute um uns herum. Auch ist Sellerie für ein Gemüse sehr kalziumreich und kann
daher auch dazu beitragen, den Kalziumbedarf
auf äußerst gesunde Weise zu decken.

Pflanzliches Eiweiß: Vielleicht gehören Sie
zu jenen Menschen, die gerne die heilsame Wirkung der Säfte erleben möchten und gleichzeitig ihre Proteinversorgung gesund und unkom-
pliziert optimieren wollen. Zu diesem Zweck
können Sie in ihre köstlichen Säfte eine Portion
eines rein pflanzlichen Eiweißpulvers mischen,
wie Reis-, Hanf- oder auch das basische Lupi-
nenprotein. Auf diese Weise verlangsamt sich
natürlich die Verdauungszeit des Saftes. Auch
sollten Sie nicht in jeden Saft ein Protein mischen. Tun Sie das einmal pro Tag und trinken

Sie alle anderen Säfte des Tages pur.

Die Saftkur ist keine reine Saftkur, das heißt, Sie nehmen parallel dazu auch feste Nahrung zu sich. Ideal wäre es natürlich, wenn Sie in den sieben Tagen der Saftkur gleichzeitig auch eine basenüberschüssige Ernährungsweise praktizieren würden. Doch selbst, wenn Sie Ihre bisherige Ernährung beibehalten, werden Sie positive Veränderungen an sich feststellen können.

Täglich zwei Säfte

A n jedem Tag der Saftkur werden zwei verschiedene Säfte getrunken. Wir empfehlen, den ersten Saft statt des Frühstücks zu trinken und den zweiten Saft als Vorspeise des Mittagessens zu sich zu nehmen, am besten eine halbe bis eine ganze Stunde vor dem Mittagessen. Wenn Sie möchten, können Sie vom ersten Saft die doppelte Portion zubereiten, damit Sie am späten Vormittag noch einmal einen Saft trinken können, also bis zum Mittagessen gar keine feste Nahrung zu sich nehmen. Auf diese Weise kann Ihr Körper die hochkarätigen Nähr- und Vitalstoffe aus den Säften völlig ungestört aufnehmen und sich ganz der vormittäglichen Entgiftungsarbeit widmen.

Viele Säfte enthalten Karotten und Äpfel. Einerseits, weil beide außerordentlich gesund sind, aber auch aus geschmacklichen Gründen. Wenn Sie weniger auf Süß stehen oder schon einiges an Saft-Erfahrung haben, können Sie jederzeit die Äpfel mit größeren Gemüsemengen ersetzen.

Saisonale Früchte und Gemüse

*D**a* Saftkuren bevorzugt im frühen Frühjahr durchgeführt werden, besteht eine Saft-Kur auch nur aus Früchten und Gemüsen, die es in dieser Jahreszeit gibt. Wenn Sie zu einer anderen Jahreszeit die Kur machen möchten, verwenden Sie die saisonal erhältlichen Früchte und Gemüse.

Das kleine Plus - Ein Tropfen Öl

*D**a* viele der Säfte fettlösliche Vitamine enthalten, können Sie zur besseren Aufnahme derselben ein wenig Öl in den Saft geben. Wenige Tropfen bis zu einem halben Teelöffel genügen dabei. Natürlich wählen Sie ein hochwertiges Öl, wie Hanf-, Lein-, Weizenkeimöl oder Ähnliches. Wenn Sie - wie oben erwähnt – Chia-Samen in Ihren Saft geben, können Sie auf das Öl verzichten.

Wie viel Saft?

*V*o n jedem Saft sollten mindestens 250 bis 400 Milliliter hergestellt werden. Das Verhältnis zwischen den einzelnen Zutaten können Sie frei wählen. Es gibt außerdem keine streng einzuhaltenden Rezepturen. Auch hängt die Saftausbeute natürlich stark von der Frische und vom Saftgehalt der verwendeten Früchte und Gemüse sowie von der Qualität Ihrer Saftpresse ab. Ingwer, Zitronenschale, Wildkräuter oder auch Gewürze wie Vanille können Sie nach Belieben in jeden Saft mischen.

Pur oder verdünnt?

*D*e r Saft kann pur oder mit Wasser verdünnt getrunken werden. Wenn Sie den Saft pur trinken, sollten Sie etwas später dieselbe Menge Wasser trinken. Achten Sie unbedingt darauf, dass Sie die Säfte sehr langsam, also nur schlückchenweise und in aller Ruhe trinken sowie sehr gut einspeicheln.[8]

---

8 Quelle und weitere Informationen finden Sie auf:: www.zentrum-der-gesundheit.de

Packen Sie Superfoots in Ihr Mittag- und Abendessen

S uperfoods zeichnen sich durch eine besonders hohe Nähr- und Vitalstoffdichte aus. Superfoods haben eine besonders positive Auswirkung auf unseren Körper und unsere Gesundheit.

Ein Superfood bereiten wir uns frisch zu und es wird auch frisch verzehrt.

Was sind denn überhaupt Superfoods?

Zum Beispiel frisch gepresste Säfte aus Frucht, Gemüse oder Gras. Das kennen Sie ja nun schon.

Folgende Lebensmittel gelten als die gesündesten Lebensmittel:

1. **Brokkoli und Brokkolisprossen**
2. **Hanfsaat**
3. **Chiasamen**
4. **Löwenzahn**
5. **Kokosnuss**
6. **Brennnessel**
7. **Quinoa**
8. **Chlorella-Alge**
9. **Sprossen**

Wenn Sie jeden Tag ein, zwei oder drei dieser Lebensmittel essen, und gleichzeitig alle unge-

sunden Nahrungsmittel weglassen, werden Sie
nach einiger Zeit eine Überraschung erleben.

- **Ihr Körper wird immer vitaler**
- **Ihr Wunschgewicht rückt in greifbare Nähe**
- **Ihre Haut wird glatter und rosiger**
- **Ihre Müdigkeit verschwindet**
- **Ihre Konzentrationsfähigkeit steigt**
- **Sie fühlen sich gesund und vital**[9]

Ananas

D ie Ananas schmeckt nicht nur super
gut, sondern liefert unserem Körper
auch zahlreiche Mineralien und Spurenelemente. Ananas enthält unter anderem Kalzium, Kalium, Magnesium, Mangan, Phosphor, Eisen,
natürliches Jod und Zink. Unser Körper benötigt diese Mineralstoffe, um gesund und fit zu
bleiben. Ein Defizit an Mineralstoffen und Spurenelementen kann zu unangenehmen Mangel-
erscheinungen führen.

Ananas ist eine Frucht, die unseren Stoffwechsel bei der Entsäuerung unterstützen kann.
Sie wirkt aufgrund ihrer Mineralstoffe stark basisch und hilft daher den Säure-Basen-Haushalt
im Körper zu regulieren.

Das gilt aber nur für die frische Ananas.

9 Quelle: Akademie für Naturheilkunde

Dosenananas sind gezuckert und gekocht und stark säurebildend.

Brennnessel

*V*on der großen Brennnessel werden die grünen Pflanzenteile, die unterirdischen Pflanzenteile und die Samen verwendet. Als Frühjahrsgemüse werden die jungen Brennnesseltriebe wegen ihres hohen Gehalts an Flavonoiden, Mineralstoffen wie Magnesium, Kalzium und Silizium, Vitamin A und C (ca. 2x mehr Vitamin C als Orangen), Eisen, aber auch wegen ihres hohen Eiweißgehalts geschätzt. Die Brennnessel enthält in der Trockenmasse etwa 30 % Eiweißanteil. Der Geschmack wird als „dem Spinat ähnlich, aber aromatischer" und als feinsäuerlich beschrieben.

Besondere Verbreitung fanden Brennnesselgerichte in Notzeiten, in denen Blattgemüse wie Spinat oder Gartensalat zugunsten nahrhafterer Pflanzenarten kaum angebaut wurden, und bei der armen Bevölkerung, da Brennnesseln auf Brachflächen und in lichten Wäldern reichlich gesammelt werden können. Eine weitere bekannte Zubereitungsart ist die Nesselsuppe. Den besten Geschmack haben die ersten, etwa 20 Zentimeter langen oberirdischen Pflanzenteile im Frühjahr oder bei größeren Pflanzen der oberste jüngste vegetative Bereich, die oberen zwei bis vier Blattpaare. Aber auch die Samen der Brennnessel eignen sich geröstet zum Verzehr.

Der unangenehmen Wirkung der Nesselhaare kann man bei der rohen Verwendung für beispielsweise Salate entgegenwirken, indem man die jungen oberirdischen Pflanzenteile in ein Tuch wickelt und stark wringt, sie sehr fein schneidet (beispielsweise mit dem Wiegemesser), mit einem Nudelholz gut durchwalkt oder ihnen eine kräftige Dusche verabreicht. Kochen sowie kurz blanchieren für Brennnesselspinat sowie -suppe macht die Nesselhaare ebenfalls unschädlich. Auch durch das Trocknen der oberirdischen Pflanzenteile für die Teezubereitung verlieren sie ihre reizende Wirkung.

Man kann die Haare auch durch Reiben entfernen, dazu zieht man sich am besten Gummihandschuhe an.

Früher wurden gelegentlich Butter, Fisch und Fleisch in Brennnesselblätter gewickelt, um sie länger frisch zu halten. Tatsächlich verhindern die Wirkstoffe der Brennnessel die Vermehrung bestimmter Bakterien. Diese Praxis ist sogar gerichtsnotorisch: 1902 wurde eine Berliner Milchhändlerin auf Grund der Brennnesselblätter in ihrer Milch wegen Lebensmittelverfälschung angeklagt. Mit der Begründung, dass dies ein «allgemein geübtes Verfahren» sei, wurde die Händlerin jedoch freigesprochen. In Mitteleuropa, unter anderem den Niederlanden, Luxemburg, Österreich und Deutschland, werden Brennnesseln auch als Zutat für Brennnesselkäse verwendet.

Noch heute gibt man ganze oder gehackte Brennnesseln als Vitaminträger in das Futter von Küken, Ferkeln und Kälbern, damit sie schneller wachsen; auch als ganze Pflanzen gibt man sie Hausschweinen in der biologischen Landwirtschaft gern als Beifutter.[10]

Brokkoli

D a s gesündeste Gemüse ist Brokkoli und in Kombination mit Brokkolisprossen ein echtes Superfood.

«Folgende Stoffe sind im Brokkoli enthalten: Natrium, Kalium, Proteine, Provitamin A, Vitamin C, Kalzium, Eisen, Vitamin B1, 2 und 6, Magnesium und Zink.

Weiter enthält er zahlreiche sekundäre Pflanzenstoffe (Flavonoide, Glucosinolate und andere). Glucosinolate speichern wiederum verschiedene Indole und viele Isothiocyanate, welche ein großes krebshemmendes Potential besitzen. Im Brokkoli enthalten sind folgende Isothiocyanate: Sulforaphan, 3-Methylsulfinyl-

10   Quelle: Wikipedia

propylisothiocyanat, 3-Butenylisothiocyanat, Allylisothiocyanat und 4-Methylsulfinylbutyli-sothiocyanat.

Insbesondere für den Inhaltsstoff Sulfora-phan konnte in verschiedenen Studien in Zell-kultur und Tierversuchen krebshemmende Wir-kung und eine Verstärkung der Chemotherapie insbesondere bei Bauchspeicheldrüsenkrebs und beim Prostatakarzinom nachgewiesen wer-den. Bisher ist allerdings noch nicht geklärt, ob die dafür notwendige Menge durch die tägliche Nahrungsaufnahme gedeckt werden kann.

Bei der Zubereitung beachten Sie bitte, dass der Brokkoli nur kurz gedünstet wird, da-mit die Inhaltsstoffe erhalten bleiben.

Sulforaphan kann seine krebshemmen-de Wirkung allerdings nur entfalten, wenn es durch ein Enzym aktiviert wird. Dies kann u. a. dadurch erreicht werden, dass nach dem Zerkleinern 40 Minuten gewartet wird und der Brokkoli erst danach weiterverarbeitet wird.

Brokkoli kann man sowohl roh als auch gegart genießen. Als Garverfahren sind Ko-chen, Dünsten und Dampfgaren möglich. Wis-senschaftliche Studien haben ergeben, dass die wasserlöslichen Nährstoffe wie z.B. Vitamin C und Mineralstoffe beim Dampfgaren weitge-hend erhalten bleiben, während sie beim Ko-chen in siedendem Wasser im Kochwasser ge-löst werden. Die anzuwendende Garzeit liegt zwischen 6 und 10 Minuten, abhängig vom individuell gewünschten sensorischen Ergebnis.

Nicht nur die Röschen, sondern auch die zarten Blätter und die Stängel, die sich wie Spargel anrichten lassen, sind essbar. Für Brokkoli werden kurze Kochzeiten empfohlen, da die krebshemmenden Inhaltsstoffe sehr wasserlöslich sind und Enzyme (Myrosinase) denaturieren. Durch Dämpfen oder kurzes Anbraten bleiben viele dieser Stoffe erhalten.

Als Gewürz passen zu Brokkoli neben Salz auch frisch geriebene Muskatnuss, Knoblauch und geröstete Pinienkerne oder Mandelblätter.

Auch werden aus den Samen Sprossen gezüchtet, diese können roh in Salaten gegessen werden oder finden sich als Dekoration auf Speisen wieder.»[11]

Chiasamen

C hiasamen sind überdurchschnittlich reich an Antioxidantien, Proteinen, Ballaststoffen, Vitaminen und Mineralstoffen. Sie haben das höchste Omega-3-Vorkommen überhaupt (über 18 Gramm pro 100 Gramm). Doch damit nicht genug: Chiasamen enthalten zehn mal mehr Omega-3 als Lachs, neun mal mehr Antioxidantien als Orangen, vier mal mehr

[11] Quelle: www.wikipedia.de

Eisen als Spinat, fünf mal mehr Kalzium als Vollmilch, 15 mal mehr Magnesium als Brokkoli und vier mal mehr Ballaststoffe als Leinsaat. Weiterhin sind in den Chiasamen Vitamin A und B, Kalium, Bor, Zink, Folsäure sowie lebenswichtige Aminosäuren enthalten. Laut einer Studie des Nutritional Science Research Institute (Massachusetts, USA) haben Chia Samen einen natürlichen blutverdünnenden Effekt, der das Risiko eines Schlaganfalls oder Herzinfarkts deutlich senkt. Weiterhin kommt die Studie zum Ergebnis, dass Chiasamen den Blutzuckerspiegel positiv beeinflussen und diesen regulieren können.[12]

Chlorella-Algen

Chlorella-Arten bilden kugelförmige, einzeln vorliegende Zellen und sind durch Chlorophyll a und b grün. Die Zellen sind mit 2 bis 10 µm Durchmesser sehr klein.

Die Zellwand dieser Algengattung besteht aus einem mehrschichtigen Cellulosegerüst, in das Schichten aus polymeren Kohlenwasserstoffketten eingelagert sind. Die Zellen enthalten einen einzelnen Chloroplasten und verstreut im Zytoplasma liegende Mitochondrien.[13]

12   Quelle: http://www.chia-samen.info/

13   Quelle: Wikipedia.de

Mit etwa 60 Prozent liefert Chlorella dem Körper eine außergewöhnlich hohe Menge an hochwertigen, leicht verdaulichem Eiweiß.

Chlorella beschleunigt den Transport von Glucose in die Leber und in die Muskelzellen, sodass die daraus gewonnene Energie spürbar schneller zur Verfügung steht.

Darüber hinaus optimiert Chlorella nicht «nur» einen gesunden Kohlenhydratstoffwechsel, sondern verbessert ihn auch deutlich, wenn er bereits gestört ist. Beim Diabetes mellitus beispielsweise hat sich die Einnahme der Chlorella bereits bestens bewährt.

Die Zellwand der Chlorella enthält eine Fülle an Ballaststoffen, die zwar ebenfalls zu den Kohlenhydraten zählen, jedoch nicht verdaut werden. So gelangen sie unverdaut in den Darm, regen die Darmtätigkeit an und sorgen für einen regelmäßigen Stuhlgang. Die teilweise hohe Konzentration an Toxinen und anderen Schadstoffen, die sich in der Darmflüssigkeit befindet, wird von den Ballaststoffen aufgenommen und geht mit diesen krankmachenden Substanzen eine untrennbare Verbindung ein, sodass sie über den Stuhl ausgeschieden werden.

Chlorella liefert mehr als 30 Fettsäuren, die zu je einem Drittel aus gesättigten FS, ungesättigten FS und mehrfach ungesättigten FS bestehen. Sie tragen gemeinsam dazu bei, dass jede Köperzelle stabil, aber dennoch flexibel und somit gesund bleibt. Bei den gesättigten FS sind die Caprin- und Laurinsäure besonders erwähnenswert, denn sie sind in der Lage, Bakterien, Viren und Darmparasiten abzutöten.

Die in hohen Mengen enthaltene Ölsäure - aus dem Bereich der ungesättigten FS - hat eine präventive Wirkung auf unterschiedliche Krebserkrankungen und kann auch vorbeugend gegen Schlaganfall und Herzinfarkt wirken.

Auch bei den Vitalstoffen lässt Chlorella keine Wünsche offen. Sie enthält sämtliche wasserlöslichen Vitamine (B1, B2, B3, B5, B6, B9, Biotin, Vitamin C) und fettlöslichen Vitamine (A, D, E, K) im natürlichen Verbund sowie in Begleitung vieler weiterer bioaktiver Pflanzenstoffe.

An Mineralien sind Kalzium, Magnesium, Kalium und Natrium enthalten sowie die Spurenelemente Eisen, Zink, Mangan, Kupfer und Selen. Da es sich bei der Chlorella um eine Süßwasseralge handelt, ist sie nahezu jodfrei. Dies kann besonders für Menschen, die an einer Schilddrüsenüberfunktion leiden, wichtig sein.

Chlorellas außergewöhnlicher Gesundheitswert liegt darin begründet, dass ihre unzähligen Inhaltsstoffe synergetisch wirken. Das bedeutet, sie ergänzen sich untereinander derart perfekt, dass sich ihre Wirkkräfte insgesamt potenzieren. Dadurch wird die Wirkung eines jeden einzelnen Bestandteils um ein Vielfaches höher als die Summe aller einzelner Komponenten zusammen.

Chlorella versorgt Sie mit allen Nähr- und Vitalstoffen, bietet jeder Zelle einen starken antioxidativen Schutz und senkt zugleich die Giftbelastung in Ihrem Körper. Damit erfüllt sie sämtliche Voraussetzungen für die Wiederherstellung einer wirklich guten Gesundheit.[14]

Die Dattel! Gut fürs Herz

Sie hat einen hohen Zucker- und Kaloriengehalt, liefert aber auch viele Nährstoffe: Reichlich Vitamin B und C und jede Menge Kalium, was gut für Herzgesundheit und Blutdruck ist, und Eisen. Auch Magnesium und Kalzium sowie die Aminosäure Tryptophan finden sich in Datteln. Die spielt eine wichtige Rolle bei der Bildung von Melatonin – in arabischen Ländern werden Datteln deshalb auch bei leichten Einschlafproblemen gegessen. Getrocknete Datteln enthalten wie andere Trockenfrüchte viele Ballaststoffe, was die Verdauung ankurbelt und hilft, den Cholesterinspiegel niedrig zu halten. Man sollte sie jedoch nicht in großen Mengen nebenbei naschen, denn Datteln weisen leider

14   Quelle: Zentrum der Gesundheit

viele Kohlehydrate und Kalorien auf. In Maßen genießen ist also die Devise. Schon eine Dattel nach einer Mahlzeit kann helfen, den Heißhunger auf Süßes nach dem Essen zu bezähmen.

Pürieren Sie Datteln, wenn Sie Gerichte süßen wollen. Die Dattel punktet, da sie keinen hohen Eigengeschmack in den Speisen hinterlässt. Man kann die *Dattelsüße* auch fertig im Bioladen kaufen.

Feigen: gesund und köstlich

*D*er Feigenbaum stammt ursprünglich wohl aus Vorderasien. Rasch breitete sich die Feige im gesamten Mittelmeerraum aus und wurde zu einem Grundnahrungsmittel der Antike. Im alten Griechenland galt die Feige als Aphrodisiakum und war dem Gott Dionysos zugeordnet.

Verschiedene wertvolle Inhaltsstoffe machen Feigen gesund. So enthalten die Früchte des Feigenbaums Vitamin A, das für die Sehkraft und die Haut wichtig ist. Das in Feigen enthaltene Eisen spielt eine wichtige Rolle beim Sauerstofftransport im Körper. Magnesium unterstützt die Zellregeneration und den Energiehaushalt. Kalzium und Phosphor schließlich sind relevant für die Gesundheit der Knochen und Zähne. Mit rund 60 Kalorien pro 100

Gramm weisen Feigen einen für Obst recht durchschnittlichen Wert auf. Zum Vergleich: Äpfel und Birnen haben rund 55 Kalorien pro 100 Gramm. Der Fettgehalt von Feigen ist mit 0,4 Gramm pro 100 Gramm dagegen recht niedrig.

Hanf

Hanf ist ein ungemein gesundes Lebensmittel. In ihm sind alle lebenswichtigen Inhaltsstoffe vorhanden. Sie können damit Entzündungen bekämpfen, Diabetes und Herzproblemen vorbeugen. Der Ausschüttung von entzündungsfördernden Stoffen in unserem Körper beugt die im Hanfsamen enthaltene Gamma-Linolensäure vor. Zur Krebsprävention eignet sich der Hanfsamen hervorragend. Essen Sie täglich Hanfsamen, er enthält wertvolle Omega-3-Fettsäuren sowie hochwirksame hanfspezifische Antioxidantien, die das Gehirn und unser Herz schützen.

Hanföl ist eines der besten Öle, sowohl für innen als auch außen. Gönnen Sie sich ab und zu eine Hanfölmassage und nehmen Sie täglich einen Teelöffel Hanföl zu sich. Besonders bei Neurodermitis und Schuppenflechte ist Gamma-Linolensäure, die dem Hanfsamen die heilende Wirkung verleiht, eine wohltuende Pflege, die täglich angewendet werden kann.

Oder richten Sie Ihren Salat mit Hanföl an und streuen eine Handvoll Hanfsamen darüber. Sie können für Ihre Gesundheit nichts Besseres tun.

Kokosnuss

*I*n der Vorstellung der Meschen prägt keine Pflanzenart das Bild tropischer Küsten so sehr wie die Kokospalmen. In vielen tropischen Ländern wird die Pflanze auch Baum des Himmels genannt.

Die Kokospalme bietet den Bewohnern tropischer Küsten seit Jahrtausenden eine hervorragende Nahrungs- und Rohstoffquelle: mit ihren Früchten als gehaltvoller Nahrung und Getränk (roh oder vergoren), ihrem Holz als Baumaterial für Hütten, ihren Blättern als Dachbedeckung, ihren Fasern zum Flechten von Hauswänden, Körben, Matten, Seilen und den trockenen Kokosnussschalen als Brennmaterial.

So liefert zum Beispiel im indischen Bundesstaat Kerala schon eine 0,2 Hektar große Plantage mit 35 Palmen genug trockene Blätter, Spathen und Steinschalen, um den Jahresbedarf von 2500 bis 3600 kg Brennstoff einer fünfköpfigen Familie zu decken (Tagesbedarf 7–10 kg).

Mit einer Produktion von 44.723.000 Tonnen Kokosnüssen ist die Kokospalme eine der großen Nutzpflanzen. Die Weltproduktion an Kopra, dem getrockneten Kernfleisch, beträgt 4.774.000 Tonnen (Zahlen von 1996).[15]

Aus der Kokosnuss werden viele verschiede Speisen zubereitet: Kokosöl, Kokosmilch, Kokosraspeln, Kokoswasser, Kokoscreme, natürlich auch frische Kokosnuss. Aus den Blüten der Kokosnuss wird Kokosblütensaft gewonnen und daraus wird Kokosblütenzucker hergestellt.

Kokosblütenzucker hat einen sehr niedrigen glykämischen Index von 35, wird basisch verstoffwechselt und eignet sich hervorragend als gesunde Süßungsart für vielerlei Leckereien. Sein niedriger glykämischer Index schont die Bauchspeicheldrüse.

Kokosöl ist in meiner Küche nicht mehr wegzudenken. Es ist das einzige Öl, welches ich zum Kochen, Backen und Braten nutze. Es ist auch das einzige Öl, das keine Transfette bei Erhitzung bildet.

Kokosöl hat ungemein viele Inhaltsstoffe:

- Laurinsäure
- Vitamine, Mineralien und Spurenelemente
- Antioxidantien

Kokosöl kann auf vielerlei Art und Weise

15   Quelle: www.wikipedia.de

eingesetzt werden, zum Beispiel eignet sich Kokosöl als Mittel bei Hauterkrankungen.

Die gute Nachricht: man kann es fast nicht
überdosieren.

Kokosöl:
- gegen Akne und Pickel
- gegen Neurodermitis
- gegen Falten und als Gesichtspflege
- gegen Cellulite
- gegen Pilzbefall und Warzen
- bei viralen und bakteriellen Beschwerden
- bei Herpes
- bei Karies
- bei Zecken, Läusen und Flöhen
- bei Mücken, Würmern, Milben
- für gesunde Haare
- zum Abnehmen
- bei schweren Krankheiten
- ... Alzheimer & Demenz
- ... Krebs
- ... Parkinson
- ... Diabetes
- für Tiere

Aus dem **Kokoswasser** können köstliche
erfrischende Sommerdrinks gemixt werden.

Kokosmilch und **Kokoscreme** haben
ebenfalls eine hohe Präsenz in meiner Küche,

sorgen für schmackhafte Smoothies, leckere Saucen, köstliche Desserts und herzhafte Gemüsegerichte.

Löwenzahn

J e d e s Kind kennt den Löwenzahn. Die Pflanze wird 5–30 cm hoch. Die Blattrosette am Grunde ist weissflockig und meist ohne alte Blattreste. Die Blätter sind meist tief geteilt (sieht aus wie Zähne, daher der Name Löwenzahn), die Abschnitte sind 1–2mal so lang wie breit. Die äußeren Hüllblätter sind schmallanzettlich, 2,5–4 mm breit und ohne hellen Rand. Sie sind zur Blütezeit abstehend oder zurückgeschlagen. Die Früchte sind hellbraun, der Schnabel ist 2–4mal so lang wie die Frucht.

Die gelben Blüten eignen sich zur Herstellung eines wohlschmeckenden, honigähnlichen Sirups oder Gelees als Brotaufstrich. Die jungen, nur leicht bitter schmeckenden Blätter können als Salat verarbeitet werden. Mit einer Speck-Rahmsauce gilt Löwenzahnsalat als Delikatesse. Aus der getrockneten Wurzel der Pflanze wurde in den Nachkriegsjahren ein Ersatzkaffee hergestellt. Löwenzahn dient ebenfalls als Tiernahrung.

Die Hauptwirkstoffe sind Sesquiterpenlacton-Bitterstoffe (Tetrahydroridentin B,

Taraxacolid-β-D-glucosid und andere), ein Phenolcarbonsäurederivat (Taraxosid) und Triterpene (Taraxasterol und dessen Derivate); ferner hohe Kaliumkonzentrationen (bis zu 4,5 %) und Inulin (im Herbst bis zu 40 %).

Neuere Forschungsarbeiten aus dem Bereich der Ethnopharmakologie untersuchen die physiologischen Eigenschaften des Taraxasterols. Die Sesquiterpenfraktion scheint für die beobachtete hepatoprotektive Wirkung verantwortlich zu sein und zeigt potentielle chemoprotektive Effekte. Für Extrakte aus Löwenzahn konnte eine hemmende Wirkung auf das Größenwachstum und die Invasivität von Prostata- und Brustkrebszellen als auch eine apoptosefördernde Wirkung bei Leberkarzinomzellen, Leukämiezellen und Pankreaskrebszellen nachgewiesen werden. Im Tierversuch zeigte sich eine leistungssteigernde und erschöpfungswidrige Wirkung nach der Gabe eines Löwenzahnextraktes, wobei ein verzögertes Absinken der Blutglukosewerte bei gleichzeitigem verzögertem Anstieg der Triglyzerid- und Laktatwerte auffiel.[16]

Das hört sich alles ziemlich wissenschaftlich an. Fakt ist: Der Löwenzahn ist eine Pflanze, mit der man sich gesunde Smoothies machen kann, oder man gibt ihn mit in den Salat, die Blüten sehen zudem in der Salatdekoration

16   www.wikipedia.de

super gut aus. Ich schätze diese Pflanze sehr. Der leicht bittere Geschmack verhindert, dass ich Heißhungerattacken auf Süßes bekomme.

Pseudogetreide

P s e u d o g e t r e i d e sind Körnerfrüchte von Pflanzenarten, die nicht zur Familie der Süßgräser gehören, aber ähnlich wie Getreide verwendet werden. Die Samen sind meist sehr reich an Stärke, Eiweiß, Mineralstoffen und Fett. *Wikipedia*

Quinoa, Amaranth, Hirse

Hirse: der Mineralstoff-König beim *Pseudo-Getreide* für wunderschöne Haare und feste Zähne.

Zunächst ist Hirse das mineralstoffreichste Getreide überhaupt. In Hirse sind Vitamin B, Biotin, Schwefel, Phosphor, Magnesium und Kalium enthalten, und das Getreide liefert auch besonders viel Silizium und Eisen. Im Volksmund wird Hirse auch oft als das Getreide bezeichnet, das von innen wärmt. Diese Beschreibung geht auf die anregende Wirkung zurück, die Hirse auf den Stoffwechsel ausübt.

Weitere Diät-Pluspunkte bekommt die

Hirse für das hochwertige Eiweiß und die komplexen Kohlenhydrate, die sie dem Körper liefert. Das heißt im Klartext: Hirse sättigt schnell und langanhaltend und macht Heißhungerattacken den Garaus.

Auch bei der Zubereitung kann die Hirse überzeugen. Man kann Hirse wirklich leicht, schnell und praktisch für den Verzehr zubereiten. Einfach eine beliebige Menge Hirse mit der doppelten Menge Wasser aufkochen, köcheln lassen und dann zum Aufquellen vom Herd nehmen.

Danach kann die Hirse entweder süß oder pikant genossen werden. Hirse hat pro 100 Gramm in etwa 350 Kilokalorien.

Quinoa: ein tolles Nahrungsmittel für Menschen, die ihr Gewicht reduzieren und/ oder halten möchten.

Verglichen mit anderen Beilagen zeichnet es sich durch eine Reihe von Eigenschaften aus, die für das Abnehmen von Vorteil sind.

Ein großer Teil der Kalorien sind im Quinoa in Form von Proteinen vorhanden. Proteine haben den Vorteil, dass sie im Vergleich zu Kohlenhydraten eine relative lange Sättigung bewirken. Der Fettanteil von Quinoa ist dagegen relativ gering. Dieser besteht darüber hinaus zu einem großen Teil aus den sogenannten «guten Fetten», die zwar auch viele Kalorien besitzen, aber für den Körper lebensnotwendig sind.

Quinoa enthält relativ viele Ballaststoffe, die als Magenfüller eine hohe Sättigung bei vergleichsweise geringer Kalorienzahl bewirken. Dies wiederum begünstigt ebenfalls das Abnehmen. Quinoa hat pro 100 Gramm in etwa 340 Kilokalorien.

Amaranth

Amaranth ist im eigentlichen Sinne kein Getreide, sondern gehört zur Gattung der Fuchsschwanzgewächse.

Amaranth ist sehr proteinhaltig, liefert viele Vitamine, ist reich an Kalzium, hat einen hohen Eisenanteil und enthält viel gesundes Lecitin.

Auch in Energieriegeln wird es gerne verwendet. Es eignet sich auf Grund der oben genannten Gründe ausgezeichnet im Rahmen der Sporternährung. Der hohe Lecitingehalt macht es übrigens auch für Denksportler interessant. Denn: Lecithin ist ein wichtiger Stoff für die Entwicklung des Gehirnes. Amaranth hat pro 100 Gramm in etwa 370 Kilokalorien.[17]

---

17   Quelle: www.heuteinform.at

Sprossen

S *p r o s s e n* und Keimlinge sind hervorragend geeignet, uns auch im Winter mit frischen Vitaminen und Mineralstoffen zu versorgen.

In einer Zeit, in der die meisten Gemüse aus fernen Ländern oder dunklen Kellern kommen, wachsen Sprossen ganz frisch auf der eigenen Fensterbank heran und können direkt von ihrem Anbauort auf unsere Teller gelangen.

Die Sprossen sind die reinsten Vitalstoff-Bomben und verhindern die Frühjahrsmüdigkeit bevor sie überhaupt entstehen kann.

Außerdem ist es kinderleicht, Sprossen zu ziehen, und es macht jede Menge Freude, den kleinen Keimen beim Wachsen zuzusehen. Nach nur 3 bis 7 Tagen sind sie schon erntereif.

Sprossen sind ein wahres Wundernahrungsmittel. Sprossen sind selbst nach der Ernte noch lebendig und liefern dem Körper daher unglaublich frische Vitalstoffe.

Erst der Keimprozess ermöglicht es uns, die Sprossenkeimlinge mit all ihren wertvollen Inhaltsstoffen roh essen zu können.

Enzyme werden durch das Wasser aktiviert und bringen den Stoffwechsel und das Wachstum der ruhenden Samen in Gang. Die Produktion von Nährstoffen, Vitaminen, sekundären Pflanzenstoffen und anderen Vitalstoffen wird beim Keimen angekurbelt – das Samenkorn beginnt zu wachsen und zu leben.

Und in der Küche sind sie einfach zu nutzen. Einfach mit der Schere ein paar Sprossen abschneiden und über unser Essen streuen. Sprossen müssen weder gewaschen noch zerkleinert werden.

Tomaten

R o h sind Tomaten basisch und unterstützen Sie beim Abnehmen. Werden die Tomaten aber gekocht, so sind sie außerordentlich sauer. Alle Tomatenfertiggerichte z.B. in Dosen als Stückchen oder püriert, sind stark säurebildend.

Tomaten sind nicht nur sehr gesund, sondern auch besonders kalorienarm und eignen sich hervorragend zu jedem Abnehmprogramm.. Neben dem Lycopin haben sie einen hohen Anteil an Vitamin C, Mineralstoffen (zum Beispiel Kalium) und wichtigen Spurenelementen. Der Rest ist Wasser – und das zu einem Anteil von 95 Prozent. Am besten schmecken natürlich am Strauch ausgereifte Tomaten – wer einen eigenen Garten hat, kann sich glücklich schätzen.

Hätten Sie`s gewusst?

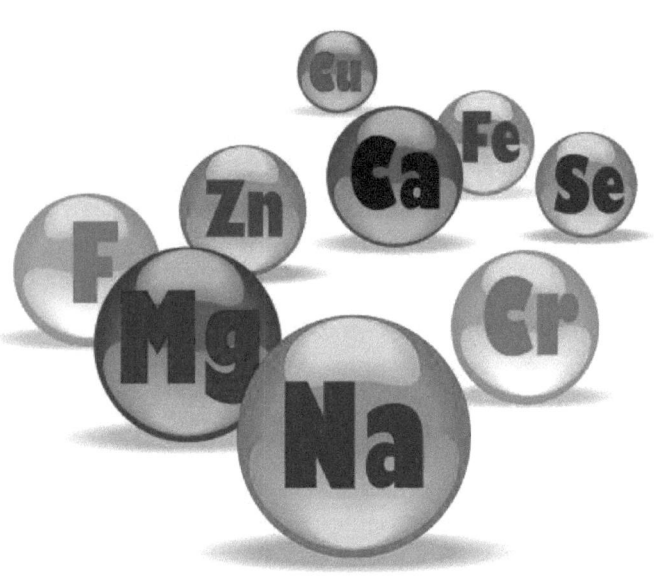

Mineralstoffe und Spurenelemente

Mineralstoffe und Spurenelemente sind lebensnotwendige anorganische Nährstoffe, die der Organismus nicht selbst herstellen kann; sie müssen mit der Nahrung zugeführt werden.

Da sie nicht organisch und die Elemente meist als Ionen oder in Form anorganischer Verbindungen vorliegen, sind sie, anders als einige Vitamine, gegen die meisten Zubereitungsmethoden unempfindlich. Zum Beispiel können sie durch Hitze oder Luft nicht zerstört werden. Viele von ihnen können allerdings durch übermäßig langes Kochen in zu viel Wasser aus der Nahrung ausgesaugt werden und gehen so verloren, wenn das Kochwasser nicht verzehrt, sondern weggeschüttet wird.

Zu den Mineralstoffen gehören: Kalzium, Magnesium, Schwefel, Chlor, Kalium, Phosphor und Natrium.

Zu den Spurenelementen gehören: Eisen, Zink, Kupfer, Jod, Fluor, Selen, Chrom, Mangan, Kobalt, Brom, Vanadium, Silizium und Molybdän.

Sie sind wichtig für den Aufbau der Gewebe, sind maßgeblich an den Stoffwechselabläufen beteiligt, unterstützen unser Immunsystem, regulieren den Säure-Basen-Haushalt, sind für unseren Bewegungsablauf zuständig, steuern unseren Hormonhaushalt und leiten Reize an die Sinnes- und Nervenzellen weiter.

Enzyme

E n z y m e treiben im Körper viele wichtige biochemische Reaktionen an. So setzen sie Stoffe zu anderen Stoffen um und spalten große Moleküle auf. Daher werden Enzyme auch als Biokatalysatoren bezeichnet. Sie erschließen Grundbausteine, die für unseren Körper nötig sind, aus der Nahrung und sind am Stoffwechsel beteiligt. Ohne Enzyme könnten wir nicht leben.

Enzyme sind komplexe Proteinmoleküle, die von allen tierischen und menschlichen Zellen hergestellt werden.

Enzyme unterstützen den Körper bei der Verdauung unserer Nahrung und helfen Nährstoffe aus Proteinen, Kohlehydraten, Fetten und Pflanzenfasern aufzunehmen.

Enzyme sind an allen chemischen Reaktionen, die in unserem Körper stattfinden, beteiligt, u. a. die Regeneration von Zellen und Gewebe und die Entfernung von Abfallstoffen und Giften.

Außerdem unterstützen die Enzyme unser Immunsystem.

Es gibt drei Hauptkategorieren:

1. **Verdauungsenzyme** helfen bei der Verdauung unserer Nahrung
2. **Nahrungs- und Pflanzenenzyme** kommen in rohen Lebensmitteln vor. Wenn Gemüse oder Früchte gekocht werden, so sterben ab 40 Grad die Enzyme. Enzyme sind aber für unsere körperlichen Abläufe sehr notwendig. Also wieder ein Grund Gemüse & Co roh zu verzehren.
3. **Stoffwechselenzyme** werden in den Zellen produziert und kommen im ganzen Körper vor. Sie sind für unsere Organe, Gehirn, Herz, Lunge, Nieren etc. sehr wichtig und werden daher in großer Menge vom Körper benötigt.

Vitamine

Vitamine sind an vielen Körperabläufen beteiligt, sodass ohne Vitamine weder Körperwachstum noch Regeneration noch Energiegewinnung möglich ist.

Vitamine sind flüchtige Gesellen, die sich durch Licht, Hitze, Säuren oder Laugen vertreiben lassen. Daher ist es gut, wenn wir unsere Nahrung möglichst naturbelassen verzehren.

Vitamine halten unseren Körper in einem gesunden Gleichgewicht. Sie arbeiten mit Enzymen, Mikro- und Makronährstoffen und Proteinen zusammen. Ihre Funktionen sind sehr vielfältig, sodass sie hier im Einzelnen nicht beschrieben werden können.

Vitamine werden in wasser- und fettlösliche Vitamine unterteilt.

Fettlösliche Vitamine sind A, E, D und K. Alle anderen Vitamine sind wasserlöslich. Da die Vitamine immer im Verbund zusammenarbeiten, ist es nicht sinnvoll, einzelne isolierte chemisch hergestellte Vitamine zu konsumieren. Die Pflanze dagegen hat immer das gesamte Paket an Vitaminen, sekundären Pflanzenstoffen, den Enzymen, Mineralstoffen, Spurenelementen, Mikro- und Makronährstoffen und ist in jedem Fall der *Pille* aus dem Laden vorzuziehen.

Sekundäre Pflanzenstoffe

P *flanzen* enthalten eine Fülle besonderer Substanzen, die die Gesundheit fördern. Am meisten profitiert davon, wer sich abwechslungsreich ernährt.

Bitterstoffe in Grapefruit und Orange. Farbstoffe in Äpfeln, Karotten oder Kirschen. Aromastoffe in Gewürzen, Kräutern und Salaten. In Pflanzen findet sich eine Vielzahl sogenannter sekundärer Pflanzenstoffe, die unterschiedlichste Aufgaben erfüllen - vom Lockmittel bis zum UV-Schutz. Als Bestandteil der Nahrung eint viele eine Eigenschaft: Sie gelten als gesund, was auch diverse Studien unterstreichen.

«Wahrscheinlich wirken viele dieser Stoffe im menschlichen Körper als Antioxidantien», sagt Hartmut Henß vom Krebszentrum des Universitätsklinikums Freiburg. Auch eine Reihe weiterer krebshemmender Wirkmechanismen der Pflanzenstoffe sind bekannt, sodass man davon ausgeht, dass sie dabei helfen, Krebs vorzubeugen.

Einige Gruppen der sekundären Pflanzenstoffe gelten als hilfreich bei Herz-Kreislauf-Erkrankungen, weil sie den Blutdruck oder den Cholesterinspiegel senken, Phytosterine zum Beispiel. Mit anderen werden spezielle blutzuckersenkende, entzündungshemmende, cholesterinsenkende oder gegen Thrombose gerichtete Wirkungen verbunden.[18]

Sekundäre Pflanzenstoffe schützen vor einseitiger Ernährung, deshalb sollten wir die Pflanzen immer so verzehren, wie sie die Natur für uns verpackt hat: In Form einer Frucht oder einer Blüte, eines Blattes, einer Nuss usw.

Die perfekte Harmonie in der Pflanze sorgt dafür, dass wir alle Bestandteile bekommen, die unser Körper braucht.

Ich kann es hier nur wiederholen: Ernähren Sie sich bunt! Nicht in Form von süßem und buntem Zuckerzeug, sondern in Form von fri-

---

18   SpiegelOnline/Gesundheit

schen Früchten, Salaten, Kräutern, Pilzen, Samen und Keimen.

Sekundäre Pflanzenstoffe wirken darüber hinaus als Wachstumsregulatoren.

Vieles spricht dafür, dass sich die unterschiedlichen Pflanzenstoffe gegenseitig in ihrer Wirkung verstärken. «Es gibt Studien, die zeigen, dass je größer die botanische Vielfalt bei der Ernährung ist, umso stärker auch der gesundheitliche Nutzen ausfällt», sagt Bernhard Watzl vom Max-Rubner-Institut in Karlsruhe. Ein möglichst bunter Mix aus vielen verschiedenen Obst- und Gemüsesorten und anderen Pflanzen sollte daher auf dem Speiseplan stehen.

Freie Radikale

Freie Radikale sind unvollständige Moleküle auf der Suche nach einem Elektron. Sie gehen dazu ziemlich ruppig und vor allen Dingen sehr zügig vor. Nur den Bruchteil einer Sekunde benötigen sie, um dem nächstbesten Molekül sein Elektron zu entreißen. Jetzt ist ein neues *Freies Radikal* entstanden, wieder auf der Suche, sich wieder zu vervollständigen. Es entsteht eine Kettenreaktion, so entsteht oxidativer Stress. Hohe Konzentrationen von oxidativem Stress verursachen verschiedenste Krankheiten:

Venenschwäche und Krampfadern, Bluthochdruck und Herz-Kreislauf-Erkrankungen, wenn freie Radikale die Blutgefäßwände schädigen.

Sehstörungen und Augenkrankheiten, wenn sie die Zellen der Gefäße in den Augen schädigen.

Schlaganfall, wenn freie Radikale die Gefäße im Gehirn angreifen.

Konzentrationsstörungen bis hin zu Demenz, wenn freie Radikale die Nerven im Gehirn beschädigen.

Freie Radikale schädigen unsere DNA mit der Folge von unkontrollierter Zellteilung (Krebs).

Zerstörung von Rezeptoren an der Zelloberfläche. Diese Zellen sind damit nicht mehr fähig, Enzyme & Co zu verwerten, weil der Andockmechanismus fehlt. Ohne Rezeptor (Schlüssel) kein Einlass.

Vitalstoffreiche Ernährung sorgt dafür, dass sich die Freien Radikalen nicht so sehr vermehren.

Freie Radikale entstehen bei der Zellatmung in unserem Körper. Unsere Zellen brauchen aber Sauerstoff zur Energieproduktion.

Freie Radikale werden von unserem Kör-

per zur Krankheitsbekämpfung selbst hergestellt. Sie greifen nicht nur gesunde Zellen an,
sondern zerstören auch Viren und Bakterien
und dämmen akute Entzündungsprozesse ein.

Freie Radikale entstehen aber auch durch
äußere Einflüsse:

- Medikamente
- Drogen
- Alkohol
- Zigaretten
- Körperpflegeprodukte aus synthetischen
  Rohstoffen
- Übertriebene Sonnenbäder
- diverse Chemikalien
- Luftverschmutzung
- Schädliche Lebensmittel (Zucker, indust-
  riell verarbeitete Fette)
- Lebensmittelzusatzstoffe
- synthetisch hergestellte Farbstoffe
- synthetische Aromen
- Rückstände von Pflanzenschutzmitteln in
  Lebensmitteln
- Radioaktive und elektromagnetische
  Strahlung

Antioxidantien

G u t , dass es sie gibt, denn Antioxidantien sind Moleküle, die gerne ein Elektron abgeben. Sie besitzen mehr als nur eins und dadurch können sie die Kettenreaktion der *Freien Radikalen* unterbrechen und schützen so unsere Zellen.

In den industriell verarbeiteten Nahrungsmitteln sind jedoch nur sehr wenig Antioxidantien und so können sich *Freie Radikale* großzügig vermehren. Es sind dann einfach zu wenig Antioxidantien im Umlauf, um dem Heer der *Freien Radikalen* Einhalt zu gebieten.

Ein paar Antioxidantien kann der Körper in Form von Enzymen selbst herstellen, der Großteil muss jedoch mit der Nahrung aufgenommen werden.

Besonders antioxidantienreiche Lebensmittel sind:

- Gemüse
- Kräuter
- Salate
- Früchte
- Keimlinge
- Wildpflanzen
- Ölsaaten
- Nüsse
- naturbelassene Öle und Fette

Bitterstoffe

B *itterstoffe* dienen der besseren Verdauung und gelten als Substanzen, die zu großer Vitalität und Langlebigkeit führen können.

Ursprünglich aß der Mensch viele Bitterstoffe in Form von Wurzel-, Blattgemüse und Wildpflanzen.

In der modernen *Zucht* unseres Gemüses fehlen diese Bitterstoffe fast gänzlich und unser Geschmackssinn hat sich im Laufe der Zeit die Bitterstoffe abgewöhnt. Stattdessen wurden wir durch die moderne Ernährung zu salzig, süß, süßsauer, scharf und herzhaft-pikant umerzogen. Alles, was bitter schmeckt, wird abgelehnt.

Das verdanken wir dem üppigen Einsatz von Geschmacksverstärkern und Süßstoffen, die in der modernen Nahrungsherstellung ständig eingesetzt werden.

Tipp:
Heißhungerattacken können mit Bitterstoffen behoben werden.

Bitterstoffe finden Sie hauptsächlich in Wildpflanzen und Kräutern (Löwenzahn, Schafgarbe, Wermut, Kapuzinerkresse und Wegwarte)
Bitterstoffe finden Sie auch in einigen Ge-

würzen (Kardamom, Kümmel, Koriander, Fenchel, Gewürznelnen, Zimt, Ingwer und Wacholderbeeren).

Industrienahrung

Industrienahrung enthält:

- minderwertigen Rohstoffe
- wenig Vitalstoffe
- synthetische Vitamine und isolierte Mineralstoffe,
- zu viel Fett
- zu viel Zucker
- künstliche Zusatzstoffe
- künstliche Süßstoffe und Zuckeraustauschstoffe
- Speisesalz und Jod
- Konservierungsstoffe
- Antioxidationsmittel
- Farbstoffe
- Geschmacksverstärker
- künstliche Aromazusätze
- Zitronensäure
- Phosphate
- technische Hilfsstoffe
- künstliche Enzyme
- und ist teilweise in giftigen Umhüllungen verpackt

Was auch für unsere Nahrung fatal ist, ist die Nutzung einer Mikrowelle.

Lebensmittel

*L**ebensmittel***, wie der Name schon sagt, bedeutet Leben oder lebendige Nahrung und werden in ihrer natürlichen Verpackung verspeist. Apfel & Co haben eine wunderbare Hülle, die auch noch unglaublich viele Nährstoffe beinhaltet, also die Haut besser nicht entfernen.

Lebensmittel aus biologischem Anbau liefern deutlich mehr Nähr- und Vitalstoffe als die Brüder und Schwestern aus konventioneller Landwirtschaft.

Äpfel absorbieren mehr Pestizide als jede andere Frucht und sollten auf jeden Fall in Bio-Qualität genossen werden.

Auch Erdbeeren sollten Sie möglichst nur aus biologischem Anbau oder selbst gezogen essen.

Pfirsische und Nektarinen sind ebenfalls sehr mit Chemikalien belastet und daher mein Vorschlag: am besten in Bio-Qualität. In die gleiche Kategorie fallen auch Trauben und Blaubeeren.

Bei Gemüse, wie Kürbis, Grüne Bohnen, Kartoffeln, Spinat und Grünkohl, Salatgurken und Paprika, ist es auch sinnvoll, sie in Bio-Qualität zu kaufen.

In der konventionellen Landwirtschaft werden einfach zu viele Chemikalien verwendet, es gibt mindestens 36 Sorten, dazu Pestizide und Fungizide.

Da sollte man vielleicht doch mal genauer hinschauen, in was man seine Zähne gräbt.

Salz

S a l z , das Elexier des Lebens, ist an den Stoffwechselvorgängen beteiligt und weder in der Natur noch in unserem Leben wegzudenken. Jeder Mensch benötigt etwa 6 Gramm pro Tag. Einst war Salz ein wichtiges Wirtschaftsgut. Heute ist es ein billiges Alltagsprodukt. Jeder isst Salz und jeder verwendet es.

Keine Zelle des Körpers könnte ohne Salz existieren, das Herz könnte ohne Salz nicht schlagen, alle Nerven wären lahmgelegt, Blutzirkulation, Stoffwechsel, Muskeltätigkeit, Verdauung und Ausscheidungen wären unmöglich, da Natrium den Wasserhaushalt, die Reizübertragung von Muskel- und Nervenzellen regelt und viele Stoffwechselvorgänge aktiviert. Chlorid ist unter anderem ein wichtiger Bestandteil der Verdauungssäfte. Es bewirkt die Bildung von Salzsäure im Magen, die als eine Komponente des Magensafts Proteine aus der Nahrung aufspaltet und unerwünschte Mikroorganismen unschädlich macht.

Man unterscheidet verschiedene Salzsorten:

Ursalz, Steinsalz, Meersalz, Siedesalz

Steinsalz und Ursalz ist Salz, welches in Salzbergwerken abgebaut wird. Es ist vor Millionen von Jahren durch Austrocknen der großen Meere entstanden und für den Menschen viel besser als das Kochsalz.

Meersalz ist aus dem Meer gewonnenes Salz. Im Meersalz sind noch geringe Mengen anderer Bestandteile erhalten, zum Beispiel Kalium, Magnesium und das essenzielle Spurenelement Mangan.

Siedesalz wird aus Natursole, das heißt aus Meerwasser oder durch Bohrlochsolung gewonnen. Bei der Bohrlochsolung wird in unterirdische Steinsalzlager Wasser unter hohem Druck in das Salzgestein gepresst. Das Salz löst sich auf und die entstehende Salzsole wird wieder zutage gefördert.

Und dann gibt es noch das billige Haushalts-, Tafel- oder Speisesalz, floridiert und/oder jodiert. Es durchläuft einen chemischen Raffinierungsprozess, in dem fast alle für den Körper bedeutsamen Elemente bis auf Natrium und Chlorid herausgefiltert werden. Raffiniertem Salz fehlen wertvolle Mineralstoffe wie z.B.

Kalzium, Magnesium, Kalium, Eisen, Zink und weitere lebenswichtige Spurenelemente.

Raffiniertes Salz ist schädlich für den Körper. Es wird von diesem als aggressives Zellgift identifiziert und kann für verschiedene Gesundheitsstörungen, wie Cellulite, Rheuma oder Nieren-, Gallensteine verantwortlich sein.

Im täglichen Leben essen wir fertige Nahrungsmittel, die in der Regel mit jodiertem Speisesalz zubereitet wurden. Etwa 80 Prozent der täglichen Salzzufuhr stammt aus verarbeiteten Lebensmitteln und gar nicht aus dem so lange verteufelten Salzstreuer. Die Hauptquellen sind: Brot und Brötchen. Durch ihren Verzehr werden dem menschlichen Körper 27 bis 28 Prozent Salz zugeführt. Bei Fleisch- und Wurstwaren sind es 15 bis 21 Prozent und durch Milchprodukte und Käse werden 10 bis 11 Prozent Salz zugeführt.

Wenn Sie aber Ihre Speisen aus frischen Zutaten selbst zubereiten, so haben Sie es in der Hand, wie viel des Lebenselixiers Sie verwenden.

Salz existiert auch im Weltraum. Kleine Meteoriten transportieren es auf die Erde. Es wird vermutet, dass durch Meteoriten täglich bis zu 300 kg Natrium auf die Erde rieseln, woraus theoretisch 750 kg Kochsalz werden könnten.

Ohne Zucker kein Leben

O**h n e** Zucker ist kein Leben möglich, sagt
Klaus Oberbeil in seinem Buch «Die Zuckerfalle».

Der weiße Dosenzucker habe freilich
mit natürlichen Zuckermolekülen nichts gemeinsam. *Pflanzen produzieren eine Fülle unter-
schiedlicher Kohlenhydrate, die als Einfach-, Zwei-
fach- oder Mehrfachzucker klassifiziert werden, als
so genannte Mono-, Di- oder Polysacharide. Sie
bestehen aus den Elementen Kohlen-, Wasser- und
Sauerstoff. Ihre kleinsten Bausteine, die Einfachzucker speisen als Zellbrennstoff alles Leben auf Er-
den. Pflanzen und Tiere gewinnen daraus ihre Zell-
energie, Tiere und wir Menschen darüber hinaus
auch unsere Körperwärme. Ohne diese natürlichen
Zuckermoleküle würden wir am wärmsten Sommer-
tag erfrieren.*

*Zucker und Zucker sind also zweierlei. Von
der Natur ersonnen als Katalysator von täglich Tril-
lionen chemischer Stoffwechselreaktionen in unserem Körper. Als vitalisierende Moleküle, die uns mit
Lebensenergie speisen, uns körperlich und seelisch
in Schwung halten. Den anderen Zucker hat die Industrie entwickelt, süße Kristalle herausgelöst aus
dem Verbund kostbarer Vitamine und Mineralstoffe
in Zuckerrüben und Zuckerrohr. Es ist das moderne
Gift. Wissenschaftler bezeichnen die süße Verführung als nicht minder bedrohlich für die Volksge-*

sundheit als Zigaretten, Alkohol, Kaffee- oder auch Drogen.[19]

Industriezucker ist reine Verführung, die nichts für uns tut, im Gegenteil: Zucker schadet unserem Darm und darüber hinaus sorgt er dafür, dass wir Diabetes Typ 2, Herz-Kreislauf-Beschwerden und andere Krankheiten bekommen.

Wenn doch der Kuchen nicht so lecker wäre! Oder der süße Pfannkuchen mit Zucker und Zimt! Industriezucker sorgt dafür, dass wir süchtig nach dem weißen Kristall werden.

Die 100 Namen des Zuckers

E s ist gar nicht so einfach, dem Zucker aus dem Weg zu gehen, wenn man nicht alles aus Rohstoffen selbst herstellen will.

Auch in den Bioläden sucht man oft vergeblich nach Brotaufstrichen, in denen kein Zucker verwendet wird.

Da hilft nur eins: Rohstoffe kaufen und mit dem Pürierstab bearbeiten, würzen und in kleine Gläschen füllen. Im Kühlschrank hält sich der selbstgemachte Brotaufstrich, wenn man Zitronensaft dazu gibt, mehrere Tage.

Zurück zu den fertigen Sachen. Oft steht auf der Verpackung noch nicht einmal das

---

19   Die Zuckerfalle von Klaus Oberbeil

Wort: Zucker, sondern es werden andere Namen verwendet, z. B.

- Glucose-Fructose-Sirup
- brauner Zucker
- Karamell
- Demerana-Zucker
- Rohrzucker
- Dextrose
- Dextrin
- Sorbit
- Mannit
- Maltit
- Vanillezucker
- Einmachzucker
- Flüssigzucker
- Gelierzucker
- Hagelzucker
- Kandiszucker
- Würfelzucker
- Puderzucker
- Invertzucker
- Instantzucker
- Fondant
- Isomalt, Isomalit
- Laktit
- Hexosen
- Galaktose
- Laevulose
- Isoglucose

- High-Fructose-Corn-Sirup
- Stärkesirup
- Ahorn-Sirup
- Algavendicksaft
- Dattelsirup
- Reissirup
- Gerstenmalzsirup
- Apfel- und Birnendicksaft
- Honig
- Vollrohrzucker
- Vollzucker
- Stevia
- Honig
- Manuka-Honig

Er soll entzündungshemmend und außergewöhnlich gesund sein.

- Xylit (zahnfreundlich, Mais- oder Birkenzucker)
- Kokosblütenzucker (zahnfreundlich, wird basisch verstoffwechselt und erhöht nur minimal den Blutzuckerspiegel)

Kokosblütensirup
(ich finde ihn sehr lecker!)

Heißhunger und Zuckersucht

Manchmal überfällt einen eine derartige Attacke von Heißhunger, dass man abends noch losfährt und sich z. B. eine Tafel Schokolade kauft, um sie in *Null-Komm-Nichts* aufzuessen.

Danach fühlen wir uns elend, weil wir nicht mehr Herr oder Frau unserer Sinne waren. Das kann folgende Gründe haben:

- Schwankungen im Blutzuckerspiegel
- Darmpilzbefall
- Zuckersucht
- Seelische Gründe

Ob einzeln oder alles zusammen sind Gründe dafür, dass man nur noch eine Marionette seiner Süchte ist.

Schwankungen im Blutzuckerspiegel entstehen z. B. durch übermäßigen Verzehr von Zucker und Weißmehlprodukten. Zuerst geht der Blutzuckerspiegel extrem hoch, um danach wieder extrem abzusinken, was wiederum zu einer Heißhungerattacke führt.

Candida Albicans ist oft auch der Grund für Heißhungerattacken. Je weiter der Pilz sich ausbreitet, umso mehr Heißhungerattacken sind wir ausgesetzt.

Zuckersucht entsteht im Gehirn. Nicht jeder wird zuckersüchtig, genauso wie auch nicht jeder alkohol- oder nikotinsüchtig wird. Dazu braucht man ein suchtanfälliges Gehirn. Bei einer Sucht ist das Gleichgewicht zwischen den Botenstoffen Serotonin und Dopamin im Ungleichgewicht. Unser Gehirn arbeitetet sozusagen nicht mehr so, wie es eigentlich sollte.

Seelische Gründe sind ebenfalls oft der Grund für Heißhungerattacken: Frust oder Depression, Stress oder Langeweile.

Welche Leere will ich in meinem Körper mit Süßkram füllen?

Manchmal findet man auch kein Ende bei einer Mahlzeit. Das Sättigungsgefühl wird schlichtweg ignoriert.

Danach ist man pappsatt und fühlt sich schlapp und antriebslos.

Hunger? Fragen Sie sich zuerst einmal, ist es wirklich Hunger? Oder ist es doch ganz einfach Durst? Oder ist es nur die Lust, etwas in sich hineinzustopfen?

Halten Sie inne, fühlen Sie in sich hinein und lassen Sie es zu, dass Gefühle in Ihnen entstehen. Statt zu essen, bewegen Sie sich: tanzen, spazieren gehen, joggen, walken, Fitnessstudio oder gymnastische Übungen.

Wenn dazu keine Zeit ist, beißen Sie herzhaft in einen Apfel und / oder trinken Sie ein Glas Wasser.

Wenn man sich überlegt, was Zucker mit unseren Zähnen macht, sollten wir uns hüten, so etwas in unseren Mund zu schieben. Durch den Zucker vermehren sich die Kariesbakterien und alsbald haben wir Löcher in den Zähnen.

Zucker in Verbindung mit Getreideprodukten führt zu Gärprozessen, besonders bei Weizenmehlprodukten.

Zucker ist Gift für unsere Darmflora, und wenn diese erst zerstört ist, beeinflusst das auch unsere Gesundheit.

Zucker ist ein Nahrungsmittel für krankheitserregende Bakterien und Darmpilze.

Zucker tut nichts für uns, außer dass er den Hunger auf Süßes stillt. Wenn wir uns erst einmal abgewöhnt haben, Zucker zu essen, so erscheinen uns nach einiger Zeit naturbelassene Lebensmittel schmackhafter, der Hunger auf Süß verschwindet, besonders, wenn wir Grün essen und viele Bitterstoffe zu uns nehmen.

Zucker hat null Ballaststoffe und hat mit den Mineralien von Kalzium und Magnesium von jeweils 2 Milligramm keinen großen Nährwert. Bei der Verdauung von Zucker werden aber Mineralstoffe und Vitamine benötigt, hauptsächlich B-Vitamine, sodass die Reserven des Körpers angegriffen werden.

Unglaublich! ... aber wahr!

Der Weizen und die Weizenwampe

V o r einiger Zeit habe ich das Buch «Die Weizenwampe» von Dr. William Davis gelesen. Seine Erkenntnisse sind der Hammer und widerspricht allem, was uns die Nahrungsmittelindustrie für gesund verkaufen will.

William Davis geht davon aus, dass unser genmanipulierter Weizen nichts mehr mit dem Ur-Weizen, wie ich ihn noch aus meiner Kindheit kannte, zu tun hat. Ich erinnere mich noch gut, dass wir als Kinder im Weizenfeld Verstecken gespielt haben. Die Halme waren so hoch, dass wir springen mussten, um zu sehen, wo wir uns gerade befanden. Unser heutiger Weizen ist weit davon entfernt. Durch unsere Gen-Labore konnte der Weizen mit weniger Halm gezüchtet werden, da kann sich noch nicht einmal mehr ein großer Feldhase drin verstecken, aber nicht nur das. Auch die Inhaltsstoffe wurden verändert.

«Was man uns heutzutage als Weizen vorsetzt, ist das Ergebnis der Hochleistungszüchtungen aus den 60er und 70er Jahren des vergangenen Jahrhunderts. Das Ergebnis dieser Bemühungen war ein ertragreicher Weizen mit kürzeren Halmen, der heute die weltweite Weizenproduktion dominiert und mit seinen Vorgängern genetisch nur noch entfernt verwandt ist»[20]

20   Die Weizenwampe von Dr. William Davis

Bei der Umgestaltung der Inhaltsstoffe wurde das einzigartige Weizenprotein *Gliadin* unbeabsichtigt in einen appetitanregenden Wirkstoff verwandelt, den die Lebensmittelindustrie freudestrahlend aufgriff und ihn nun auch anderen Nahrungsmitteln beimischte. Durch den Verzehr dieses Stoffes wächst unser entzündungsförderndes tiefes Eingeweidefett, ohne dass wir uns erklären können, wieso wir zunehmen.

Der moderne Weizen verfügt über spezielle Proteine, die Lektine, die entzündliche Reaktionen im Magen-Darm-Trakt, in den Gelenken und sogar im Gehirn fördern «und damit für ein unglaubliches Ausmaß an entzündlich bedingten Erkrankungen und Krebs verantwortlich ist.»[21]

Wenn wir uns Photos aus den 50er und 60er Jahren ansehen, fällt auf, dass damals die Menschen um einiges schlanker waren. Kinder waren schlank und wenn Übergewicht, dann nur einige Kilos. Schauen Sie sich doch einmal unsere Kinder an! Noch nie habe ich vorher so viele dicke Kinder, sogar schon im Kindergarten, gesehen. Auch gab es damals noch keine Fitnessstudios, sondern wir gingen einmal die Woche in den Turnverein. Und es gab auch noch nicht so volle Teller. Wenn wir als Kinder zwischendurch Hunger hatten und etwas <u>zu essen haben</u> wollten, so bekamen wir zur

21   Dr. William Davis

Antwort: «Leck Salz, dann bekommst du auch Durst!» Statt etwas zu essen, erhielten wir ein Glas Wasser. Dies war für unsere spätere Figur sicher sehr förderlich.

Unser heutiges Ernährungsproblem ist nicht nur der Zucker oder das Fett, sondern der Weizen, respektive, was uns als Weizen verkauft wird.

«Zu den dokumentierten, problematischen Auswirkungen des Weizenverzehrs auf Menschen zählen: Appetitanregung, Gehirnkontakt mit Exorphinen (das Gegenstück zu den vom Körper selbst erzeugten Endorphinen), massive Blutzuckerspitzen, bei denen kurzfristige Sättigung mit erhöhtem Appetit wechselt, der Prozess der Glykierung, der Krankheiten und Alterung Vorschub leistet, entzündliche Reaktionen und pH-Verschiebungen, die am Knorpel nagen und Knochen schädigen, sowie eine Aktivierung fehlgeleiteter Immunreaktionen. Weizenverzehr verursacht neben Zöliakie, jener zerstörerischen Darmkrankheit, die durch den Kontakt mit dem Weizenklebereiweiß Gluten ausgelöst wird, auch diverse neurologische Probleme und Erkrankungen wie Diabetes, Herzkrankheit, Arthrose, Hautausschläge und sogar die lähmenden Sinnestäuschungen der Schizophrenie.»[22]

Entfernen Sie den Weizen aus Ihrem Speisezettel und es schmelzen ganz automatisch <u>ein paar Pfunde</u> Ihres Bauchspeckes. Der *gutge-*

22   Dr. William Davis

meinte Rat, doch mehr gesundes Brot aus Voll-
kornweizen zu essen, ist genauso schädlich, «*als
wenn man einem Alkoholiker sagt, dass ein Gläschen
nichts schadet - und die zehnfache Menge deshalb
noch besser wäre. Diesem Rat zu folgen, hat für die
Gesundheit katastrophale Folgen.*»[23]

Deshalb gibt es in diesem Buch auch keine
Rezepte mit Weizenmehl.

Das Buch von Dr. William Davis lohnt sich
zu lesen.

Die Milchlüge

*D*ie Milchindustrie behauptet, die Milch
sei gesund, sie enthalte Kalzium und lebenswichtige Vitamine. Der Mensch kann aber
das Kalzium der Milch nicht verwerten und zur
Verdauung wird in den großen Topf der körpereigenen Kalziumreserven gegriffen. Haben
Sie sich schon einmal gefragt, wieso es so viele
Menschen mit Laktose-Intoleranz gibt?

Laktoseintoleranz ist völlig normal. Sie
glauben das nicht? Kuhmilch ist für Kälbchen
gedacht, Katzenmilch für kleine Kätzchen, Mut-
termilch für unsere Säuglinge. Und wir glauben
allen Ernstes, dass wir uns ein Leben lang von
einer Kuh stillen lassen müssen?

Bei gesunden Menschen bilden die Zel-

23   Dr. William Davis

len der Dünndarmschleimhaut ein spezielles Enzym – die Laktase. Die Laktase spaltet den Milchzucker in seine Einzelteile auf (Glucose und Galactose), die dann resorbiert werden können. Menschen mit Laktoseintoleranz hingegen können den Milchzucker nicht verdauen. Ihre Dünndarmschleimhautzellen produzieren nur wenig oder gar keine Laktase.

Bei Laktoseintoleranz gelangt der Milchzucker daher unverdaut vom Dünndarm in den Dickdarm. Es entstehen Blähungen und oder auch Bauchkrämpfe und Durchfall.

Immer mehr Menschen zweifeln mittlerweile am sauberen Image der Milch und beginnen, dieses zu hinterfragen. Ich möchte da ein paar Zeilen aus dem Buch *Die Milchlüge – Die Milch macht´s leider doch nicht* von Dr. Elena Krieger zitieren:

Milch war geschichtlich betrachtet am Anfang ein ländliches Naturprodukt, dem mit größter Skepsis begegnet wurde. Getrunken wurde sie fast gar nicht, da sie nicht gut verträglich war, und sie diente hauptsächlich als Rohstoff für die Verarbeitung zu Butter und Käse. Technischer Fortschritt und der Beginn der Industrialisierung brachten die Milch vom Land in die Stadt. Mit den neuen städtischen Konsumenten erlebte der Milchhandel einen ersten Aufschwung, doch Milch als Getränk haftete noch immer ein schlechter Ruf an. Die Bedenken in der Bevölkerung rührten einerseits vom Geschmack und Geruch der Milch, assoziierte man doch in städtischen Kreisen Stall und Bäuerlichkeit damit. Andererseits taten sich große Probleme in Bezug auf die Hygiene auf, denn diese unbehandelte Milch war belastet mit Bakterien und Krankheitskeimen. Die Einführung der Pasteurisierung führte hier zu erheblichen Verbesserungen und die zunehmende Industrialisierung brachte neue Qualitätsstandards mit sich. Zu diesem Zeitpunkt wurde auch erstmals mittels Werbung ein neues Image für das bäuerliche Naturprodukt propagiert – Milch als hygienisch sauberes Industrieprodukt war geboren. Dieses Image hat die Milchwerbung bis heute gestützt und weiter ausgebaut.

Heute ist die Milchherstellung einer der wichtigsten Industriezweige in Deutschland. Die Deutschen haben Geschmack an der Milch gefunden und der Konsum von Milch ist gleichbleibend hoch. Das „weiße Gold" generiert jährlich Milliardenumsätze für die Wirtschaft, sorgt für Arbeits- und Ausbildungsplätze und als Exportschlager verschafft sie Deutschland eine Position als Global Player auf dem Weltmarkt.

Doch die Industrialisierung und Globalisierung von Milch hat auch entscheidende Nachteile. Durch neue technische Behandlungsmethoden und Verarbeitungsprozesse, auf Effizienzmaximierung angelegte Zucht, Fütterung und Haltung hat sich Milch in ihrer Zusammensetzung verändert. Das moderne Industrieprodukt Milch ist mit hohen Konzentrationen an Hormonen belastet.

Homogenisierung gewährleistet zwar bessere Verdaulichkeit, schaffte jedoch gleichzeitig neue Gesundheitsrisiken. Ihre Keimflora und ihr natürlicher Fettgehalt wurden negativ beeinflusst, und die selektive Erhöhung bestimmter Eiweiße durch Zucht und Gentechnik verstärkt ihr allergenes Potenzial. Die Milch unserer Zeit ist ein in vielerlei Hinsicht künstlich erschaffenes Design-Produkt.

Ein breiter Spalt klafft zwischen dem vermeintlich positiven Image der Milch und dem, was sich in Wahrheit dahinter verbirgt: Ihre Vitamine werden durch Erhitzungsverfahren größtenteils zerstört, ihr Kalzium kann vom Körper nicht aufgenommen werden, ihre Proteine sind denaturiert, ihr Milchzucker verursacht Unverträglichkeiten und sogar Zellschäden. Der Fettanteil von Milch transportiert erhebliche Mengen von Hormonen und speichert Giftstoffe aus dem Futter und der Umwelt. Ihrem Werbeversprechen als gesunder Nährstoff- wie Vitaminlieferant und unentbehrliche Kalziumquelle kann die Milch nicht mehr gerecht werden.

Milch ist global weiter auf dem Vormarsch und hält auch immer mehr in traditionell milchlosen Gesellschaften Einzug. So steigen in diesen Kulturen Krankheiten, die es vorher nicht oder kaum gab, und die mit Milch in Verbindung gebracht werden. So erhöht sich in diesen Kulturen die Häufigkeit von mit Milchkonsum in Verbindung stehenden Krankheiten, die dort vorher nur selten auftraten.

Die Inhaltsstoffe moderner Milch greifen an unterschiedlichsten Schlüsselpositionen in unseren Organismus ein und setzen Mechanismen in Gang, die über kurz oder lang Erkrankungen entstehen lassen können. Die Milchproteine beispielsweise verursachen eine Übereiweißung des Körpers, welche den Kalziumhaushalt des Körpers empfindlich stört und sich in chronischen Krankheiten wie Arthrose oder Osteoporose äußern kann. Auch besteht die Möglichkeit, dass die Eiweißverbindungen in der Milch Entzündungen, Säurebildung und Nahrungsmittelallergien hervorrufen.

Des Weiteren besteht die Gefahr, dass im Darm Kasomorphine entstehen können, die mittlerweile mit Autismus in Zusammenhang gebracht werden. Der Einfluss der Milchproteine auf die körperinterne Ausschüttung von Wachstumsfaktoren und Insulin ist besonders bedenklich, stellt er doch eine versteckte Ursache für Akne, Bluthochdruck, Diabetes mellitus, neurodegenerative Krankheiten, kardiovaskuläre Herzerkrankungen und sogar für bösartige Tumorerkrankungen dar. Milchfett treibt den Cholesterinspiegel merklich in die Höhe und trägt derart maßgeblich zur Entstehung von Übergewicht und Arteriosklerose bei. Die Folge ist auch ein deutlich erhöhtes Risiko für kardiovaskuläre Erkrankungen, die weltweit die häufigste Todesursache sind.

Mit zu den gefährlichsten Substanzen zählen auch die in der Milch enthaltenen Hormone und Wachstumsfaktoren. Zahlreiche neue Studien be-

fassten sich bereits mit den dadurch verursachten Erkrankungen. Sie wirken nicht nur als Störfaktoren auf das fein abgestimmte hormonale Gleichgewicht des Körpers, sondern die über die Milch zugeführten Hormone können auch hormonsensible bösartige Tumorarten begünstigen. Hierzu zählen vor allem Tumore an den Fortpflanzungsorganen wie Eierstöcke, Gebärmutter und Hoden sowie Brust und Prostata. Wachstumsfaktoren wiederum treiben zusätzlich als Signalträger das unkontrollierte Wachstum von bösartigen Tumorzellen (sog. „Krebszellen") an.

Den Milchzucker Laktose bringt man meistens mit der weit verbreiteten Laktoseintoleranz, der Unverträglichkeit von Milchzucker, in Verbindung. Weitaus schädlicher für den Körper ist jedoch sein aggressives Spaltungsprodukt Galaktose: Der Einfachzucker kann zu Unfruchtbarkeit, bösartigen Tumorerkrankungen an Eierstock- und Hoden („Krebs") führen sowie Entzündungen und oxidativen Stress im Organismus hervorrufen. Die Konsequenz aus Entzündungen und oxidativem Stress sind die Begünstigung von Osteoporose und einem erhöhten Risiko von Knochenfrakturen. Auf der Zellebene kann Galaktose sogar das rapide Fortschreiten von Alterungsprozessen in Gang setzen, was letztlich in einer potenziellen Verkürzung der Lebensdauer resultiert.

Die neuesten wissenschaftlichen Erkenntnisse sind also deutlich – Milch fördert nicht unsere Gesundheit, kräftigt nicht unsere Knochen und Zähne und macht uns nicht schlank, klug und schön. Die Milch macht uns vor allem eines – krank.

Als wäre das nicht genug, versucht die Milchindustrie sogar aus Problemen, die durch den Konsum von Milch auftreten können, Kapital zu schlagen – der Laktoseintoleranz. Milchproduzenten haben dieses lukrative Geschäft für sich entdeckt und entwickeln neue Marktsegmente mit laktosefreien Produktlinien, um die Bedürfnisse der Betroffenen gewinnbringend zu vermarkten. Doch laktosefreie Milch und Milchprodukte sind für die meisten Betroffenen überflüssig und zudem über die Maßen teuer. Der neue, lukrative Trend zu laktosefreien Milchprodukten dient daher weniger der Gesundheit der Konsumenten als dem Geldbeutel der Hersteller. Alternative Produkte auf rein pflanzlicher Basis werden zudem vom Gesetzgeber marginalisiert, um die Monopolstellung von Milch als Wirtschaftsfaktor zu schützen. So wird der Verbraucher mit dem Label „laktosefrei" buchstäblich gemolken.

Auch ethische Bedenken kann man nicht ignorieren, wenn es um den Konsum von Milch geht. Das Leistungssystem bei der Milcherzeugung fordert seinen Tribut bei Tier und Natur: Für die überzüchteten Milchkühe ist das Streben nach Effizienz und maximaler Milchleistung ein Hochleistungssport, der ihren Körpern das Äußerste abverlangt. Das Leben einer Hochleistungskuh besteht aus einem qualvollen Kreislauf aus Dauerschwangerschaft, nicht artgerechten Haltungsbedingungen, *hoher Anfälligkeit für schmerzhafte Erkrankungen und dem Zwang, unter diesen Bedingungen trotzdem immer mehr Milch geben zu müssen. Können sie diesen Dauerbelastungen nicht standhalten, wartet am Ende der Verwertungskette das Schlachthaus. So wird aus der Produktionseinheit Kuh ein Wegwerfprodukt. Der Raubbau durch die Erzeugung von Milch und Milchprodukten setzt sich aber auch in der Umwelt fort: Die Produktion von Milch verschlingt natürliche Ressourcen, lässt Treibhausgase entstehen, zerstört gewachsene Ökosysteme und verschmutzt Böden wie Gewässer.*

Am Ende der Suche bleibt vom Mythos Milch nicht mehr viel übrig. Die aus den verschiedenen Fragestellungen gewonnenen Erkenntnisse führen zu genau einer Schlussfolgerung – Milch und Milchprodukte sind weder für Mensch, Tier oder Umwelt gut. Ob man Milch trinkt oder nicht, bleibt natürlich jedem selbst überlassen. Aber die traurige Wahrheit ist: Die Milch macht´s – leider doch nicht.[24]

Ein hochinteressantes Buch, das ich nur jedem empfehlen kann, der mehr über die Machenschaften der Milchindustrie wissen möchte.

Ich persönlich habe der industriell verarbeiteten Milch abgeschworen, hin und wieder kaufe ich direkt beim Bauern unbehandelte <u>Bio-Roh-Milch</u>, wenn meine Enkelkinder zu Be-

---

24 *Die Milchlüge – Die Milch macht´s leider doch nicht* von Dr. Elena Krieger

such kommen oder ich mal einen Kaffee trinken möchte. Bei aller Liebe zur gesunden Ernährung habe ich es noch nicht geschafft, dem Kaffee endgültig zu entsagen.

Alkohol

*M*an sagt, dass hin und wieder ein Glas Rotwein gesund wäre. Stimmt das wirklich? Da gehen auch bei den Wissenschaftlern die Meinungen auseinander. Schauen wir doch einfach mal, was passiert, wenn wir Alkohol trinken.

Ein Großteil des Alkohols kommt durch den Dünndarm in die Leber. Die Leber versucht den Alkohol so schnell wie möglich abzubauen. Dabei vernachlässigt sie aber andere wichtige Stoffwechselprozesse. Einer davon ist die Bereitstellung von Glucose, welche nun nicht mehr stark genug abgewickelt wird, wodurch der Blutzuckerspiegel drastisch sinkt. Dies kann zu Kopfschmerzen und Gereiztheit führen.

Auch die Ausschüttung des Hormons Vasopressin wird vom Gehirn gesteuert. Der Alkohol verhindert die Einflussnahme des Gehirns auf die Ausschüttung des Hormons Vasopressin. Dieses Hormon begrenzt den Flüssigkeitsverlust im menschlichem Körper. Ohne dieses Hormon muss man ständig auf die Toilette und spült somit wichtige Mineralien aus dem Körper. Der Mangel an diesen führt am nächsten Tag zu vernebelten Gedanken und ermatteten Gliedern.

Bereits ein gemäßigter Alkoholkonsum wirkt sich negativ auf das menschliche Nervensystem aus, die Folgen davon sind verminderte geistige Leistungsfähigkeit und Reaktionszeit. Selbst der Genuss eines Bieres tötet bereits bis zu 100.000 Gehirnzellen, da der Alkohol die Zelltodprogrammierung manipuliert. Was dazu führt, dass der Prozess des Zelltods immens beschleunigt wird. Nach einem Vollrausch können sogar 10.000.000 Gehirnzellen absterben. Vor allem die Bereiche im Gehirn, die sich um das soziale Verhalten und das Verantwortungsbewusstsein kümmern, sind stark vom Alkohol betroffen.

Weil sich die Blutgefäße erweitern färbt sich die Haut bei Alkoholkonsum rot. Alkohol stört zudem die Knochenerneuerung und macht dadurch die Knochen instabil. Nach einem Bruch heilen die Knochen dann auch langsamer.

1. *Hoher Alkoholkonsum steigert das Krebsrisiko im Mund-, sowie im Rachenraum und in der Speiseröhre.*
2. *Alkoholkonsum führt zu erhöhtem Bluthochdruck, Herzrhythmusstörungen und Herz-*

muskelentzündungen. Bereits geringer Konsum reicht aus. (4-5 Gläser in der Woche von z.B. Rotwein)

3. Höher und andauernder Alkoholkonsum stört die Funktionen der Bauchspeicheldrüse (Verdauung etc.) Das führt z.B. zu einer chronischen Bauchspeicheldrüsenstörung bzw. Entzündung. Dies führt zu einer Unverträglichkeit von Alkohol und fetten Speisen.

4. Alkohol führt zu Übelkeit und Erbrechen. Letzteres dient dazu, um die Zellgifte, die im Alkohol sind loszuwerden. Über den Magen gelangen diese Zellgifte in den Blutkreislauf. Bei einem gefüllten Magen ist die Alkoholaufnahme zwar verlangsamt, aber schließlich ist der Promillewert und die Wirkung identisch. Häufig ist eine Magenschleimhautentzündung die Folge. Alkohol vermindert auch die Fähigkeit des Darms, die Vitamine und Mineralien im Körper zu verteilen.

5. Alkohol kann bei Männern bis zur Impotenz führen. Der Testosteronspiegel steigt durch den Alkohol, was eine Erektion deutlich erschwert. 1 von 10 alkoholkranken Männern ist im Durchschnitt impotent.

6. Alkohol kann die Kurz- oder Weitsichtigkeit nicht verstärken, auch wenn Leute, die unter Alkoholeinfluss stehen meinen, dass diese Wirkung bei ihnen auftritt. Nach dem Alkoholgenuss entspannt allerdings der Augen-

muskel, weshalb ein, oder auch beide Augen wegrutschen können und somit die Blickachse abweicht. Dies führt zum Schielen. Der Sehprozess ist ein hochkomplizierter Prozess, denn das Gehirn verarbeitet die gesehenen Sachen in ganz schneller Zeit zu einem dreidimensionalen Bild. Dies gelingt aber nur, wenn beide Augen exakt ausgerichtet sind. Sind die Augen das nicht, führt das zum Doppelsehen.

7. Alkohol kann das Innenohr sowie die dazugehörigen Sinneszellen angreifen. Dabei können kurzfristige oder auch anhaltende Schäden auftreten. Unmittelbar nach dem Alkoholgenuss können Schwindelgefühle auftreten, die im Innenohr entstehen. Das Gleichgewicht ist gestört, oder das Gehirn erkennt Bewegungen, die gar nicht stattfinden. Durch dauerhaften Alkoholgenuss

8. entstehen Gefäßschäden und Durchblutungsstörungen im Innenohr. So kann es sein, dass der Alkoholkonsum schwerhörig macht oder Tinnitus herbeiführt.

9. Das Gehirn kann die Informationen des Tastsinnes nicht mehr exakt verarbeiten. Diese Tatsache verursacht eine gehirnbedingte Fehlsteuerung, die bis zum vollständigen Kontrollverlust über den Körper führen können. Zudem ist das Schmerzempfinden nicht stark genug ausgeprägt, sodass man schnell

seine Schmerzgrenze überschreitet und es leichter zu Verletzungen kommen kann. Alkohol schaltet also einen Schutzmechanismus des Körpers ab!

10. Das Gift des Alkohols wirkt sich auch betäubend auf die Geschmackssensoren der Zunge aus. Dadurch werden unterschiedliche Geschmacksrichtungen nicht mehr so gut wahrgenommen.

11. Der Geruchssinn ist der einzige Sinn, auf den Alkohol keine nennenswerte Auswirkungen hat, außer dass die Geruchsinformationen durch die lahmgelegten Synapsen im Gehirn langsamer verarbeitet werden. Bei übermäßigem Alkoholkonsum wird aber der Geruchssinn des Gesprächspartners beeinträchtigt, denn der bekommt während des Gespräches die sogenannte „Fahne" des Gesprächspartners zu riechen.[25]

Ich habe mir früher nie Gedanken darüber gemacht, was der Alkohol mit meinem Körper anrichtet. Am Wochenende wurde gefeiert und dem Alkohol fleißig zugesprochen, mal mehr, mal weniger. Erst meine Arthrosebeschwerden haben mich zur Besinnung gebracht und darüber reflektieren lassen, was ich esse und trinke.

Ein Jahr lang habe ich weder Alkohol noch

---

25   Quelle: http://kas.zum.de/wiki/Wirkung_von_ Alkohol_auf_den_menschlichen_Organismus

Zucker, Kaffee, Weizen konsumiert, habe mich basisch ernährt und 18 Kilo abgenommen, ohne lästiges Kalorienzählen oder Abwiegen der Zutaten meiner Speisen.

Es bleibt jedem selbst überlassen, ob und wieviel er an Alkohol trinken möchte, aber jetzt in dem Bewusstsein, dass der Alkohol dem Körper schadet.

Kaffee

Früher brauchte ich morgens, wenn ich aufstand, zuerst einen leckeren Kaffee mit viel Zucker und Milch. Was für eine Belastung für meinen Körper! Auch hier machte ich mir keine Gedanken über die Auswirkungen. An einem Arbeitstag verputzte ich gut und gerne acht bis zehn Tassen Kaffee. Heute weiß ich, dass Kaffee süchtig macht, sauer verstoffwechselt wird und ein Kaffeeentzug keineswegs schwierig ist. Die Entzugserscheinungen sind Kopfschmerzen, Müdigkeit und Lustlosigkeit. Das hört nach ein paar Tagen auf.

Hin und wieder eine Tasse Kaffee zu trinken ist durchaus empfehlenswert. Eine Tasse mit 125 ml Filterkaffee enthält etwa 80–120 mg Koffein und hat einen pH-Wert von 5, ist also leicht sauer. Einige Kaffeesorten enthalten außerdem die β-Carboline Harman und Norharman in physiologisch wirksamer Menge, welche u.a. durch Monoaminooxidase-Hemmung zur psychoaktiven Wirkung beitragen können.

Besonders viele antioxidative Substanzen enthält grüner Kaffee. Dass diese Antioxidantien die Zellen schützen, zeigt eine Studie deutscher Wissenschaftler: Die Forscher fanden heraus, dass der tägliche Genuss von drei bis vier Tassen einer Mischung von grünem und geröstetem Kaffee oxidative DNA-Schäden um 40 Prozent senkt und damit den Zellschutz erhöht. Die Wissenschaftler vermuten, dass dieser Effekt die zahlreichen positiven Wirkungen des Kaffees auf die Gesundheit erklärt.[26]

---

26   Quelle: www.wikipedia.de

Öle und Fette

Öle und Fette zählen zu den Lebensmitteln, die sowohl wichtig für die Gesundheit sind, als auch äußerst schädlich für den Körper sein können. Bei der Wahl des Fettes gilt es zu beachten, um welche Art von Fett es sich handelt (gesättigte oder ungesättigte Fettsäuren), welche Rohstoff-Qualität das Fett aufweist und wie es verarbeitet wurde. Für den Laien ist es daher sehr schwierig, zwischen einem guten und einem schlechten Fett zu unterscheiden. Um Ihnen eine kleine Entscheidungshilfe anzubieten, stelle ich Ihnen an dieser Stelle sechs Fakten über Öle und Fette vor.

Was Sie über Fette und Öle wissen sollten :

1. Auch gesättigte Fette sind gesund

Kokosöl, Butterschmalz und verschiedene andere Formen gesättigter Fette werden in den Medien von so genannten Ernährungs-Experten permanent verunglimpft. So würden sie die Arterien verstopfen und das Herz schädigen. Dem ist jedoch nicht so. Der Körper ist auf die Zufuhr gesättigter Fettsäuren nicht angewiesen, da er sie selbst herstellen kann. Dennoch ist es wichtig zu wissen, dass jede einzelne Körperzelle sowohl ungesättigte als auch gesättigte Fettsäuren benötigt. Nur in der Kombination kann die erforderliche Flexibilität der Körperzellen erhalten bleiben.

Da jede Körperzelle auch auf gesättigte Fettsäuren angewiesen ist, benötigen Ihre Gehirnzellen, Ihre Knochen, Muskeln und sämtliche Organe dieses Fett ebenfalls.

Allerdings ist der Bedarf des Körpers an Fetten relativ gering. Daher sollte stets wenig, dafür jedoch sowohl gesättigte als auch ungesättigte Fette ausschließlich in bester Qualität verzehrt werden. Je hochwertiger das Fett ist, umso mehr dient es der Gesunderhaltung Ihres Körpers.

Die gesättigten Fette im Kokosöl und in tierischen Produkten aus artgerechter Haltung (nicht aus der Massentierhaltung!) weisen zudem antifungale, antibakterielle und antivirale Eigenschaften auf. Die Laurin-, Myristin- und Caprylsäure, die sich in diesen Produkten befinden, tragen zudem erheblich zu einem starken Immunsystem bei und erhöhen somit die Fähigkeit Ihres Organismus, Infektionen abzuwehren.

Ein weiterer Vorteil von gesättigten Fetten ist ihre Unempfindlichkeit gegenüber Hitze, Licht und Sauerstoff. Das macht sie besonders stabil und haltbar.

2. Einige Öle verursachen Entzündungen

Pflanzenöle wie beispielsweise Sojaöl, Distelöl, Sonnenblumenöl oder Maiskeimöl, die häufig als besonders gesunde Alternativen zu gesättigten Fetten gehandelt werden, können die Entwicklung chronischer Entzündungen im ganzen Körper begünstigen. Die Erklärung hierfür liegt darin begründet, dass diese Öle große Mengen an Omega-6-Fettsäuren enthalten, die, im Übermaß genossen, zu Entzündungsprozessen führen oder bestehende Entzündungen verschlimmern können. Daher ist diese Information nicht nur für Menschen wichtig, die bereits unter entzündlichen Erkrankungen leiden. Auch nicht Betroffene sollten diese Öle nur in sehr geringer Menge verzehren.

3. Aus hochwertigen Ölen können schädliche Öle entstehen

Olivenöl wird von den meisten Menschen als eines der gesündesten auf dem Markt erhältlichen Öle angesehen. Das ist grundsätzlich auch richtig, denn es enthält eine Vielzahl gesundheitsfördernder Pflanzenstoffe und ist der Gesundheit des Körpers somit sehr zuträglich. Wird dieses Öl jedoch einer zu hohen Temperatur ausgesetzt (über 180°C), verändern sich die darin enthaltenen Fettsäuren. Es finden starke Oxidationsprozesse statt, durch die das Öl nicht nur seine positiven Eigenschaften einbüßt, sondern die das Öl sogar gesundheitsschädlich machen.

Das Olivenöl gehört zu jenen Ölen, die einen sehr niedrigen Rauchpunkt aufweisen.

Auch Makadamia-Nussöl, Hanföl, Kürbiskern-öl, Weizenkeimöl und Leinsamenöl gehören zu dieser Sorte Öl – wie übrigens auch die allermeisten nicht raffinierten Öle.

4. Rapsöl enthält gefährliche Trans-Fettsäuren

Rapsöl wurde erstmals in den 1980er Jahren auf dem amerikanischen Markt eingeführt. Daraufhin haben die großen Lebensmittelkonzerne unglaubliche Summen Geld dafür aufgewendet, die Öffentlichkeit davon zu überzeugen, dass es sich beim Rapsöl um ein besonders gesundes Öl handele. Was die Industrie allerdings verheimlichte, war die Tatsache, dass bei der Produktion des Rapsöls fast immer auch gefährliche Transfettsäuren als Nebenprodukt entstehen. Mehrere Tierversuche haben gezeigt, dass der Konsum von Rapsöl der Gesundheit nicht förderlich ist und unter anderem zu Vitamin E-Mangel führen kann.

Die meisten Omega-3-Fettsäuren im Rapsöl werden während des so genannten Desodorierungsprozesses in Transfette umgewandelt, erklärt ein Artikel der Weston A. Price Foundation (WAPF), der es sich zur Aufgabe gemacht hat, über die Gefahren des Rapsöls aufzuklären.

5. Viele Öle sind gentechnisch verändert

Sucht man nach gesunden Ölen und Fetten, so spielt es natürlich auch eine große Rolle, ob die Rohstoffe des Produkts gentechnisch verändert wurden. Viele Öle und Fette, die von amerikanischen Gesundheitsbehörden als höherwertig empfohlen werden – wie Raps-, Soja-, Mais- und Baumwollsamenöl – werden aus GMO-Produkten gewonnen, die zunehmend mit Verdauungsproblemen, Organschäden, bis hin zu Krebserkrankungen in Verbindung gebracht werden.

Die meisten gesunden Öle und Fette hingegen sind nicht aus gentechnisch veränderten Rohstoffen hergestellt, insbesondere Hersteller hochwertiger biologischer Öle achten auf die Qualität der Rohstoffe. Von diesen Ölen hört man jedoch von den Mainstream-Medien auffallend wenig. Hierzu zählen Hanföl, Makadamiaöl, Sesamöl, Kürbiskernöl, Walnussöl, Mandelöl, Pekannussöl, Leinsamenöl, Avocadoöl und Kokosöl aus kontrolliert biologischem Anbau. All diese Produkte weisen ganz besondere, oft einzigartige gesundheitsfördernde Eigenschaften auf.

6. Viele kaltgepresste Öle werden erhitzt oder mit giftigen Chemikalien versetzt

Kaltgepresste Öle haben den Vorteil, dass sie bei der Produktion ohne Hitzeeinwirkung gewonnen werden, sodass die darin enthaltenen Nährstoffe unverändert enthalten bleiben. Laut Dr. Udo Erasmus, dem Autor des Buches Fats that Heal, Fats that Kill, werden jedoch viele Speiseöle, die als *„kaltgepresst"* beworben und verkauft werden, bei der Herstellung dennoch stark erhitzt und/oder mit giftigen Lösungsmitteln wie Hexan versetzt, was die betreffenden Öle potenziell toxisch für den menschlichen Organismus macht.

Laut Erasmus seien die besten und sichersten Speiseöle solche, die bei geringer Temperatur gepresst wurden und aus biologisch angebauten Samen und Nüssen gewonnen werden. Nicht denaturierte und somit wirklich gesunde Öle werden bei der Produktion nicht nur vor hohen Temperaturen, sondern auch vor Licht- und Sauerstoffeinfluss geschützt und in der Regel in soliden, dunklen Glasflaschen ausgeliefert.

Gesunde Fette

D i e allgemein verbreitete Meinung, dass Fette grundsätzlich schlecht sind und nur dick machen, hat dafür gesorgt, dass immer mehr Menschen immer weniger Fett zu sich nehmen. Das Ergebnis der fettarmen Ernährung ist jedoch überraschend und sollte zu denken geben.

Übergewicht durch Light-Produkte

$\mathcal{E}$ s gab noch nie so viele übergewichtige Menschen, wie heute. Selbst unsere Kinder bleiben von dieser Entwicklung nicht verschont.

Lightprodukte schaden Ihrer Gesundheit

Verzichten Sie auf sämtliche Lightprodukte und führen Sie Ihrem Körper wieder eine ausreichende Menge guter Fette zu - selbstverständlich nicht im Übermaß.

Wozu benötigt der Körper gesunde Fette?

- sie sind zur Aufnahme der fettlöslichen Vitamine A,D,E und K erforderlich
- sie sorgen für ein natürliches Sättigungsgefühl
- sie bilden die am stärksten konzentrierte Speicherungsform von Energie
- sie sind für die Funktion von Hormonen und Enzymen unerlässlich
- sie verringern Schwankungen im Blutzuckerspiegel
- das Gehirn ist auf hochwertige Fette angewiesen, uvm.

Welche Fette sind ungesund?

Jndustriell hergestellte Fette werden in massiver Form ver- und bearbeitet, damit sie möglichst billig, geruchlos und mit einer maximalen Haltbarkeit angeboten werden können. Die Nüsse und Kerne werden unter Zuhilfenahme chemischer Lösungsmittel gepresst. Diese Vorgehensweise garantiert höchstmögliche Erträge. Dann wird dieses Öl entwachst, mit aggressiven, stark basischen Stoffen raffiniert und gebleicht. Bei Temperaturen bis zu 270°C wird die Geruchsintensität minimiert, chemische Konservierungsstoffe werden zugegeben, das Öl wird entschäumt und anschließend gehärtet.

Was nach einem derartigen Bearbeitungsprozess vom Öl noch übrig bleibt, ist für den Körper nicht nur absolut wertlos, sondern auch äußerst schädlich...

Diese Fette sollten Sie meiden:

- alle gehärteten oder teilweise gehärteten Fette
- alle raffinierten Öle
- alle geruchlosen Öle und Fette
- alle erhitzen Öle, die reich an mehrfach ungesättigten Fettsäuren sind

- alle überhitzen Fette
- ranzige Fette
- Margarine
- alle Öle in Plastikflaschen
- Transfette

Was zeichnet ein gesundes Fett aus?

G e s u n d e Fette werden während des gesamten Herstellungsprozesses äußerst schonend behandelt. Das Entsteinen und Pressen der Kerne geschieht manuell. Das Öl wird kalt gepresst und zu keiner Zeit Temperaturen ausgesetzt, die den empfindlichen Inhaltsstoffen schaden. Auf diese Weise bleibt die vorhandene Nährstoffdichte der Fette erhalten.

Sonnenblumenöl muss nach Sonnenblumenkernen riechen, Sesamöl nach Sesamsamen, Kokosöl nach Kokosnuss, Olivenöl nach Oliven, Palmenöl nach den roten Palmenfrüchten usw. Nur ein kalt gepresstes Öl aus erster Pressung, mild duftend und unerhitzt unterstützt Ihren Körper und leistet so einen wesentlichen Beitrag zur Gesundheit und Vitalität.

Fazit: Es kann nicht schaden, sich gründlich zu überlegen, was Sie beim nächsten Essen zu sich nehmen. Nicht darüber nachzudenken, kann dagegen der Gesundheit sehr abträglich sein. Den großmütterlichen Rat: «Iss dein Gemüse!» zu befolgen, kann der erste Schritt zu besserer Gesundheit sein.

Ein Wort zu den Inhaltsstoffen

Mandeln

Mandeln sind viel mehr als ein gelegentlicher Snack oder eine weihnachtliche Backzutat. Abgesehen von ihrem hochkarätigen Nähr- und Vitalstoffspektrum, wirkt sich der regelmäßige Verzehr von Mandeln äußerst positiv auf unsere Gesundheit aus. Wenn wir täglich nur 60 Gramm Mandeln (oder Mandelpüree) verzehren, dann schützt uns dies laut aktuellen Studien bereits vor Diabetes, vor Herz-Kreislauf-Erkrankungen, vor einem hohen Cholesterinspiegel und führt möglicherweise zu einer Verbesserung der Knochendichte – und zwar ohne dabei zu einer Gewichtszunahme zu führen!

Die Mandel liefert zudem viele ungesättigte Fettsäuren, Mineralstoffe wie Magnesium, Kalzium und Kupfer sowie große Mengen der Vitamine B und E. Nur wenige Löffel eines hochwertigen Bio-Mandelpürees decken einen Großteil des täglichen Mindestbedarfes an Magnesium.

Da gleichzeitig Kalzium im richtigen Verhältnis enthalten ist, können beide Mineralstoffe vom Körper perfekt aufgenommen und verwertet werden. Vitamin E ist ein bekanntes Antioxidans, das uns vor freien Radikalen bewahrt. Es schützt außerdem die in der Mandel enthaltenen ungesättigten Fettsäuren, sodass diese dem Menschen in höchster Qualität zu Verfügung stehen. Vitamin B1 stärkt zudem die Nerven und Vitamin B2 versorgt jede einzelne unserer Zellen mit Energie.

Smoothie

Warum Smoothie und nicht die einzelnen Zutaten einfach essen und trinken?

Viele Menschen essen einfach zu wenig Salat oder mögen ihn gar nicht, so wie ich. Im Smoothie jedoch ist er köstlich. Gemixt mit Früchten und Saft schmeckt der Salat plötzlich sehr gut und unser Körper bekommt dadurch viel mehr Nähr- und Vitalstoffe. Und da wir relativ kaufaul sind, zermahlen unsere Zähne die einzelnen Lebensmittel nicht gründlich. Im Smoothie sind sie bereits aufgeschlossen.

Und Chlorophyll!

Victoria Boutenko schreibt in ihrem Buch «Green For Life: «Chlorophyll ist so wichtig wie das Sonnenlicht. Ohne Sonnenlicht gäbe es kein Leben und ohne Chlorophyll gäbe es ebenfalls kein Leben! Wenn wir so viel Chlorophyll wie möglich zu uns nehmen, ist das, als badeten wir unsere inneren Organe in Sonnenschein. ...

Chlorophyll versorgt unseren Körper wie eine liebevolle, fürsorgliche Mutter. Es heilt und reinigt all unsere Organe und vernichtet viele unserer inneren Feinde wie etwa krankheitserregende Bakterien, Pilze oder Krebszellen.»

Chlorophyll ist auch ein toller Blutbildner. Ein Chlorophyllmolekül ist genauso aufgebaut wie unser rotes Blutkörperchen, mit dem Unterschied, dass das rote Blutkörperchen einen Eisenkern hat und das Chlorphyll einen Magnesiumkern. Je gesünder unser Blut aber ist, desto gesünder sind all unsere Organe, Drüsen, Blutgefäße und alle unsere Zellen.

Auch für unsere Darmflora ist Chlorophyll ein Labsal, schädliche Einflüsse wie Kaffee, Alkohol, schlechte Ernährung usw. stören unseren Darm, Chlorophyll sorgt dafür, dass sich unsere Darmzellen schneller regenerieren.

Chlorophyll verbessert nicht nur unser Blutbild, sondern beugt auch Krebs vor und bekämpft ihn, versorgt mit leicht aufnehmbaren Eisen, verhindert damit Anämien, schafft ein basisches Milieu, entgiftet, reinigt die Leber, beseitigt unangenehmen Körper- und Mundgeruch, wirkt gegen Entzündungen und bereichert unsere Vitalität.

Lassen Sie bei der Kreation von Smoothies

Ihrer Phantasie freien Lauf. Experimentieren Sie! Finden Sie Kräuter, wie Kapuzinerkresse (Blüten und zarte Blätter), Löwenzahn (Blüten und junge Blätter), Giersch (zarte Blätter), Kornblumenblüten, Ringelblumenblüten, Portulak (Blätter), Brennnessel (die oberen 5 Blätter und Samen), Wermutblätter, Pfefferminze, Schafgarbe oder Erdrauch.

Als Zusatz können Sie frisch gepresste Säfte, wie Artischocke, Ananas, Orange, Zitrone, Granatapfel, Apfel, Mango oder Ähnliches nehmen.

Kartoffeln

Weltweit werden jährlich mehr als 300 Millionen Tonnen Kartoffeln geerntet. Damit zählt das Nachtschattengewächs zu einem der wichtigsten Grundnahrungsmittel der Erde. Die im 16. Jahrhundert von Südamerika nach Europa gebrachte essbare Knolle hat sich längst einen festen Platz auf dem Speiseplan der Deutschen erobert - und das aus gutem Grund. Neben ihrem Geschmack und ihrer unkomplizierten, vielseitigen Verwendung ist sie vor allem ernährungsphysiologisch äußerst wertvoll.

Kartoffeln bestehen zu 77% aus Wasser und sind daher für eine bewusste Ernährung besonders geeignet - jedoch nur, wenn sie mit dem richtigen Öl zubereitet werden. Ihr Stärkegehalt sowie ihr beachtlicher Gehalt an Mineralstoffen und Vitaminen machen sie zu einem kalorienarmen Nährstofflieferanten, der es in sich hat.

Kartoffeln bestehen aus circa 16% Kohlehydraten in Form von Stärke. Erst durch Erhitzen wird die rohe Kartoffelstärke für den menschlichen Organismus verdaulich gemacht.

Eiweiß ist in Kartoffeln nur in recht geringer Menge vorhanden. Jedoch ist ihr Gehalt an essenziellen, das heißt lebensnotwendigen Aminosäuren, so hochwertig, dass Kartoffeln von allen pflanzlichen Eiweißlieferanten über den höchsten Anteil an verwertbarem Eiweiß verfügen.

Kartoffeln enthalten wertvolle Mineralien und Spurenelemente wie Magnesium, Kalium, Kalzium, Phosphor und Eisen. Der Körper kann diese nicht selbst herstellen, benötigt sie jedoch für den Zellaufbau und zahlreiche Stoffwechselreaktionen.

Ballaststoffe erzeugen einen lang anhaltenden Sättigungseffekt, da sie vom Magen und Darm nur langsam verdaut werden können. Zudem regen sie das Verdauungssystem an, besonders, wenn man Kartoffeln ungeschält zubereitet.

Fett ist in Kartoffeln nur in Spuren vorhanden.

Kartoffeln sind besonderes reich an Vitamin C sowie B1 und B2, Niacin, Pantothensäure und B 6. Vitamine regulieren den Stoffwechsel im Körper und dienen zur Stärkung des Immunsystems, zudem sind sie wichtig für Haut, Haare und Nägel.

Die Kartoffel verdient also nicht den schlechten Ruf als Dickmacher. Fetter Quark und schlechtes Fett (Pommes) machen dick, nicht die Kartoffel.

Wenn die Kartoffel kalt gegessen wird, dann wandelt sich die Stärke und sie kann vom menschlichen Körper nicht mehr verstoffwechselt werden. Sie verlässt unbearbeitet wieder den Körper. Damit macht die Kartoffel schlank :-)

Das selbe Phänomen haben wir bei der Banane: Essen Sie die Banane kalt, so kann der Körper die Stärke nicht verwerten, wird die Banane aber erhitzt, so wandelt sich die Stärke und sie kann vom Körper ganz normal verstoffwechselt werden. Dann machen Bananen dick, besonders, wenn sie mit Honig gebacken werden.

Fazit: Essen Sie Bananen und Kartoffeln kalt (die gekochten Kartoffeln erkalten lassen.

Hirse

Hirse enthält viele Mineralstoffe und Spurenelemente, insbesondere Silizium, Eisen und Magnesium. Hirse wirkt sich daher besonders positiv auf die Knochen, Gelenke, die Haut, das Haar und die Nägel aus.

Aufgrund der Tatsache, dass die Hirse zu den glutenfreien Getreidearten gehört, wird sie gerade von Personen, die Probleme mit Gluten haben, gegenüber anderen Getreidesorten bevorzugt. Dies betrifft insbesondere Personen, die an Magen-Darm-Problemen oder Zöliakie leiden und eine glutenfreie Ernährung einhalten müssen

Hirse ist nicht nur gesund, sondern sie kann als Schönheitselixier eingesetzt werden. Der hohe Anteil an Mineralstoffen und Spurenelementen, der in der Hirse enthalten ist, ist für die Gesunderhaltung förderlich.

Der hohe Beitrag an Silizium, der in dem kleinen Getreidekorn steckt, wirkt sich auch äußerst positiv auf die Schönheit der Haare und Fingernägel aus und sorgt für ein gesundes Hautbild. Das Silizium, in Form von Kieselsäure, wirkt also wie ein kleiner Schönmacher.

Auch, wenn Sie Hirse kochen, so nehmen wir wieder drei bis vier Portionen, sodass die nächsten Mahlzeiten wieder schnell zubereitet werden können.

Quinoa

Quinoa ist eine Sammelbezeichnung für die eiweißreichen Samen der Gänsefuß-Arten Chenopodium quinoa Willd. und Chenopodium pallidicáúle Aellen. Sie gehören beide zur Unterfamilie der Chenopodioideae in der Familie der Fuchsschwanzgewächse. (Wikipedia)

Der Anbau von Quinoa erstreckt sich entlang der Westküste Lateinamerikas. Die besten klimatischen Bedingungen finden sich jedoch in den Hochebenen der Anden in Ecuador, Peru und Bolivien. Es gibt zahlreiche Quinoasorten in verschiedenen Farben, allein in Bolivien zählt man über 3.000 verschiedene. Die Quinoabauern bewirtschaften ihre Felder teilweise noch traditionell in Handarbeit. Mit der gestiegenen Nachfrage kommt aber auch moderne Technik zum Einsatz.

Die Ernte findet von April bis Juni statt. Die Pflanze wird mit der Wurzel ausgerissen und getrocknet. Nach wenigen Tagen werden die getrockneten Büschel auf einem Tuch ausgebreitet und gedroschen. Der Wind hilft beim Trennen von Spreu und Korn.

Die kleinen Körner sind wahre Kraftpakete und einzigartig im Hinblick auf ihre Nährstoffzusammensetzung. Quinoa ist eine wertvolle Eiweißquelle und enthält essentielle Aminosäuren, die eine wichtige Funktion für

Zellen, Muskeln und Organe im menschlichen Körper haben.

Bemerkenswert ist der Gehalt an Lysin, einer Aminosäure, die sonst überwiegend in Fleisch und Fisch vorkommt. Für die vegetarische und vegane Ernährung ist Quinoa deshalb besonders interessant. Zudem verfügt Quinoa über wertvolle Ballaststoffe, Vitamine, Mineralstoffe und ungesättigte Fettsäuren, unter anderem auch die wichtige Omega-3-Fettsäure.

Abgesehen davon, dass Quinoa ein hervorragender Lieferant für pflanzliches Eiweiß darstellt, enthält es viele essentielle Vitamine, Mineralien und Nährstoffe. Quinoa liefert beispielsweise mehr Kalzium als Weizen oder Roggen sowie mehr als doppelt so viel Eisen und 50 Prozent mehr Vitamin E als Weizen und es ist lecker.

Quinoa ist außerdem reich an Mangan und Kupfer. Beide Mineralien aktivieren die Bildung eines Enzyms, das wiederum die Mitochondrien (das sind die Energieproduzenten im Innern der Zellen) vor schädlichen Oxidationsprozessen bewahrt und die roten Blutkörperchen vor den Angriffen freier Radikale schützt. Kohlenhydrate werden in Anwesenheit von Mangan effizienter abgebaut und Knochen können sich unter dem Einfluss von Mangan ständig perfekt regenerieren und somit gesund und stark bleiben.

Amaranth

A maranth verfügt über einen besonders hohen Protein- und Fettgehalt. Wertvolle ungesättigte Fettsäuren wie beispielsweise Linolsäure und Alpha-Linolensäure (Omega-3-Typ) sind in großer Menge enthalten. Auch der hohe Anteil an lebensnotwendigen Mineralstoffen und Lysin ist beachtlich. Das für die Ernährung außerordentlich wichtige, jedoch in Lebensmitteln nur in unzureichender Menge enthaltene Magnesium erreicht bei Amaranth Spitzenwerte. Besonders wertvoll ist Amaranth für Sportler, denn durch einen besonders hohen Kalzium- und Eisengehalt wird es zu einem diätetischen Nahrungsmittel. Selbst für Zöliakie-Patienten ist Amaranth hervorragend geeignet, denn die Körner sind vollkommen glutenfrei. Auch als Ersatz für Getreide bei Neurodermitis-Patienten findet Amaranth Verwendung.

Da Amaranth im Gegensatz zu anderen Getreidesorten kein Klebereiweiß enthält, eignet sich das Mehl nur eingeschränkt zum Backen. Nur als Mischung mit anderen Brotmehlen kann es zur Backware verarbeitet werden. Allerdings lässt sich auf diese Weise ein Brot sehr wertvoll ergänzen und es bekommt ernährungsphysiologisch gesehen eine äußert hohe Qualität.

Amaranth hat einen besonders nussigen

Geschmack und Geruch, ist äußerst vielfältig und findet Verwendung in Suppen, in Gemüsegerichten, verschiedenen Aufläufen und Desserts.

Mittlerweile werden auch Amaranth-Fertigprodukte wie Müslis, Müsliriegel, Gebäck und sogar Nudeln angeboten.

Die Zubereitung von Amaranth ist ähnlich der von Reis. Die Körner sollten vor dem Kochen zuerst in einem Sieb gut unter fließendem Wasser gewaschen werden.

Geben Sie auf eine Tasse Amarant zwei bis drei Tassen Wasser und lassen Sie es in einem Topf auf dem Herd kurz aufkochen. Danach die Hitze verringern und etwa für eine halbe Stunde quellen lassen. Nachdem Sie die Herdplatte ausgeschaltet haben, sollte der Amaranth noch circa zehn Minuten nachziehen.

Konjaknudeln

Konjaknudeln werden aus dem Mehl der Konjakwurzel hergestellt. Die Konjakwurzel ist nahezu frei von Kohlenhydraten und Kalorien. Eine Portion Konjak Nudeln liefert weniger als 10 Kalorien bei gleichzeitig Null Prozent Kohlenhydraten. Konjak Nudeln lassen im Nu überflüssige Kilos purzeln. Zudem gehört die Konjakwurzel zu den basischsten Lebensmitteln überhaupt und hat überdies so zahlreiche positive Auswirkungen auf die Gesundheit, dass Konjaknudeln mehrmals wöchentlich auf dem Speisezettel stehen können.

Konjaknudeln sind sehr schnell zubereitet, da sie schon vorgegart verkauft werden. Ganz wichtig: Spülen Sie die Nudeln gründlich unter fließendem Wasser ab, bevor Sie sie in den Kochtopf geben. Die Pasta könnte sonst einen leicht fischigen Geruch (aber nicht Geschmack) haben. Anschließend sollten Konjak-Nudeln etwa zwei Minuten in kochendem Salzwasser erwärmt werden.

Da Konjak-Nudeln keinen Eigengeschmack haben, ist es ratsam, sie unbedingt mit Saucen, Kräutern und Gewürzen zu verfeinern. Die Pasta nimmt das fremde Aroma sehr leicht auf. Daher gilt: Die Nudeln immer zwei bis drei Minuten in der Sauce ziehen lassen, bevor man sie isst.

Die Nudeln eignen sich auch gut als Suppeneinlage oder für asiatische Nudelpfannen.

Doch nicht nur Low-Carb-Fans haben Konjak-Nudeln für sich entdeckt, sondern auch viele Abnehmwillige. Die kalorienarme und dennoch sättigende Pasta ist ein praktisches Lebensmittel, wenn man überflüssige Kilos verlieren möchte. Wer jedoch keine Diät macht, sollte aufpassen, dass er zu den sehr kalorienarmen Nudeln energie- und nährstoffreiche Beilagen isst. Denn sonst droht eine Mangelernährung.

Auch für Menschen, die auf Ihren Blutzuckerspiegel achten müssen, sind diese kohlenhydratfreien Nudeln ein wahrer Segen.

Buchweizen

B uchweizen (Fagopyrum esculentum) galt früher als «Arme-Leute-Essen». Er steckt voller wertvoller Nährstoffe und lässt sich einfach anbauen. Beliebt ist das Kraut in der russischen Küche – zum Beispiel als «Gretschka», einer Art Buchweizenbrei. In Japan findet sich Buchweizen in zahlreichen Nudel-Rezepten. Buchweizen ist keine Getreideart, er gehört zu den Knöterichgewächsen und ist daher mit dem Sauerampfer verwandt.

Buchweizen ist eine kahle Pflanze, die bis zu 60 Zentimeter hoch wird. Am aufrechten Stängel sitzen herzförmige, fast dreieckige Blätter, die vorne pfeilförmig zugespitzt sind. In den Blattachseln befinden sich weiße bis blassrosa gefärbte Blüten. Die Frucht ist eine dreikantige Nuss, die vom Aussehen her Bucheckern ähnelt. Buchweizen blüht von Juli bis Oktober. Er stammt aus Ostasien und kommt heute vorwiegend als Kulturpflanze vor.

Buchweizenkörner sind glutenfrei und lassen sich auch als Mehl verwenden

Das ganze Kraut wird verarbeitet, also alles außer der Wurzel. Es enthält vier bis acht Prozent Flavonoide, unter anderem die Stoffe Rutosid und Hyperosid. Außerdem steckt in Buchweizen reichlich hochwertiges Eiweiß, B-Vitamine und Mineralstoffe wie Eisen.

Bestimmte sekundäre Pflanzenstoffe, die sich in Buchweizen befinden, wirken sich positiv auf die Gefäße aus. Es handelt sich um Flavonoide. Diese Substanzen können die Gefäßwände abdichten und die Durchblutung in den kleinsten Blutgefäßen (Kapillaren) verbessern. Buchweizen kann deshalb – meist als Buchweizentee – gegen leichte Venenbeschwerden helfen. Allerdings nur unterstützend zur Standardtherapie.

Buchweizenmehl dient den Menschen, die an einer Gluten-Unverträglichkeit (Zöliakie) leiden, als Weizenersatz. Denn die Samen, die zu Mehl verarbeitet werden, enthalten kein Gluten.

«Buchweizen hilft bei Diabetes, Krampfadern und Bluthochdruck. Gekeimter Buchweizen ist außerdem ein bequemes Superfood für die schnelle und gesunde Küche. Buchweizenkeimlinge sind reich an lebendigen Enzymen, Vitalstoffen, hochwertigen Mineralien und leicht verdaulichen Proteinen. Streuen Sie die geschmackvollen Keimlinge in Salate und in Suppen oder servieren Sie sie zum Müsli, zu

Gemüsegerichten oder auch pur als basischen Snack für zwischendurch.»

Rutin ist der Grund dafür, dass Buchweizen ein Superfood für Menschen ist, die an Krampfadern oder verhärteten Arterien leiden. Rutin stärkt bekanntlich die Blutgefäßwände und so auch die Kapillarwände – Krampfadern und Hämorrhoiden wird vorgebeugt.

Wenn hingegen die Blutgefäße schwächer werden, sammeln sich Blut und Flüssigkeit an und gelangen in das angrenzende Gewebe, was schließlich zu Krampfadern oder Hämorrhoiden führen kann.

Geschälte Buchweizenkörner werden zu Graupen, Grütze, Grieß oder Mehl verarbeitet. Damit werden in erster Linie Breigerichte, aber auch Suppen, Fladen und Nudeln hergestellt.

Buchweizenmehl ist nicht eigenbackfähig. Buchweizengrütze wirkt aufgrund ihrer hohen Quellfähigkeit ähnlich stark sättigend wie Hirse. In Nordamerika sind Buchweizenpfannkuchen, serviert mit Ahornsirup, eine beliebte Spezialität.

Süßkartoffeln

Süßkartoffeln gelten als besonders gesundes Gemüse und das nicht ohne Grund. Ihren Namen haben die Süßkartoffeln zwar von ihrem süßen Geschmack. Trotzdem enthalten sie nur sehr wenig (natürlichen) Zucker und sind stattdessen reich an verschiedenen Vitaminen.

Mit der Kartoffel, die zur Familie der Nachtschattengewächse zählt, ist die Süßkartoffel nur entfernt verwandt.

Eine genetische Untersuchung kultivierter Süßkartoffeln ergab, dass die Süßkartoffel eine natürliche transgene Nahrungspflanze ist.

Nach Alexander von Humboldt ist die Wildform in Mittelamerika beheimatet. Sie wurde als Kulturpflanze von allen lateinamerikanischen Hochkulturen verwendet. Die Batate wurde schon in vorkolumbianischer Zeit von Peru aus von Seefahrern auf den pazifischen Inseln verbreitet. Freigelassene afrikanische Sklaven brachten die Süßkartoffel von Amerika nach Afrika. Heute wird sie in fast allen wärmeren Ländern der Tropen, Subtropen und gemäßigten Zonen der Erde angebaut.

Auch in Deutschland ist der Bekanntheitsgrad der Süßkartoffel in den letzten Jahren gestiegen. Bedeutendste Lieferanten für den deutschen Markt sind die Niederlande und Spanien. Innerhalb Europas wird die Batate in Italien, Spanien und Portugal kultiviert.

In Neuseeland, den anderen pazifischen Inseln und in Peru ist die Süßkartoffel als Kumara bekannt. Die Māori brachten sie bei der Besiedelung Neuseelands aus ihrer Heimat Polynesien mit. Besonders schmackhaft sind sie als Pommes frites (Kumara Fries). (Quelle: Wikipedia)

Sie enthalten viel Vitamin A und Beta Carotin, das gut für die Sehkraft und die Haut ist. Der Gehalt an Beta Carotin entspricht sogar annähernd dem von Karotten.

Auch Vitamin E steckt reichlich in den gesunden Süßkartoffeln und schützt die Hautzellen vor Alterung. Bereits 100 Gramm Süßkartoffeln decken ein Drittel vom Tagesbedarf an Vitamin E eines Erwachsenen. Außerdem finden wir auch Vitamin A, Vitamin C, Beta Carotin, Eisen, Zink, Natrium,   Kalium und Magnesium in der gesunden Knolle.

Da Süßkartoffeln auch mehr Ballaststoffe als herkömmliche Kartoffeln enthalten, machen sie auch länger satt.

Tabelle
Basischer Lebensmittel

Obst

Ananas
Apfel
Aprikose
Avocado
Banane
Birne
Clementine
frische Dattel
Erdbeere
Feige
Gojibeere
Grapefruit
Heidelbeere
Himbeere
Honigmelone
Johannisbeere (rot, weiß, schwarz)
Kirsche (sauer, süß)
Kiwi
Limette
Mandarine
Mango
Mirabelle
Nektarine
Olive (grün, schwarz)
Orange
Pampelmuse
Papaya
Pfirsich

Pflaume
Preiselbeere
Quitte
Reineclaude
Stachelbeere
Sternfrucht
Wassermelone
Weintraube (weiß, rot)
Zitrone
Zwetschge

Pilze

Austernpilz / Austernseitling
Champignon
Egerling
Flaschenbovist
Kräuterseitling
Maronenröhrling
Morchel/Mu-Err-Pilz
Pfifferling
Riesenbovist
Schopftintling
Shiitake
Steinpilz
Trüffelpilz

Gemüse

Alge (Nori, Wakame, Hijiki, Chlorella, Spiruna)
Aubergine
Bleichsellerie (Staudensellerie)
Blumenkohl
Bohnen, grün
Boviste
Brokkoli
Chicoree
Chinakohl
Erbsen, frisch
Erdmandel
Fenchel
Frühlingszwiebel
Grünkohl
Gurke
Karotte
Kartoffel
Knoblauch
Kohlrabi
Kürbisarten
Lauch (Porree)
Mangold
Maroni (Esskastanien)
Navetten (weiße Rübchen)
Okraschote
Paprika
Pastinake
Petersilienwurzel

Radicchio
Radieschen
Rettich (weiß, schwarz)
Romanesco (Blumenkohlart)
Rote Beete
Rotkohl
Schalotte
Schwarzwurzel
Spargel (gesund, aber nicht basisch)
Spitzkohl (Zuckerhut)
Stielmus
Süßkartoffel
Weißkohl
Wirsing
Zucchini
Zwiebeln

Kräuter und Salate

Basilikum
Bataviasalat
Bohnenkraut
Borretsch
Brennnessel
Brunnenkresse
Chicoree
Chilischoten
Chinakohl

Colakraut
Dill
Eichblattsalat
Eisbergsalat
Endivien
Feldsalat
Fenchelkraut und -samen
Friseesalat
Gänseblümchen
Gartenkresse
Giersch
Ingwer
Kapern
Kapuzinerkresse
Kardamom
Kerbel
Kopfsalat
Koriander
Kreuzkümmel
Kümmel
Kurkuma (Gelbwurz)
Liebstöckel
Löwenzahn
Lollo-Bionda-Salat
Lollo-Rosso-Salat
Majoran
Meerrettich
Melisse
Muskatnuss
Nelken

Oreganum
Petersilie
Pfeffer (weiß, rot, schwarz, grün)
Pfefferminze
Pflücksalat
Piment (Nelkenpfeffer)
Portulak (Postelein)
Radicchio
Ringelblumenblüten
Romanasalat
Rosmarin
Rucola (Rauke)
Safran
Salbei
Sauerampfer
Schlüsselblume (Blätter, Blüten und Wurzel)
Schnittlauch
Schwarzkümmel
Sellerieblätter
Spinat, jung
Thymian
Vanille
Wermut
Ysop
Zimt
Zitronenmelisse
Zucchiniblüten

Sprossen und Keime

Adzukibohnen-Sprossen
Alfalfa-Sprossen
Amaranth-Sprossen
Bockshornklee-Sprossen
Braunhirse-Sprossen
Broccoli-Sprossen
Buchweizenkeimlinge
Gerstenkeimlinge
Hirse-Sprossen
Kohlrabi-Sprossen
Koriander-Sprossen
Kresse
Leinsamen-Sprossen
Linsen-Sprossen
Mungobohnen-Sprossen
Radieschensprossen
Rettich-Sprossen
Rucola-Sprossen
Senfsprossen
Sonnenblumenkerne-Sprossen
Weizenkeimlinge

Nüsse und Samen

Erdmandeln
Mandelmus
Mandeln

Maroni (Esskastanien)

Hinweis:

Alle anderen Nüsse/Samen/Ölsaaten gehören zu den guten Säurebildnern. Ihr Säurepotential kann durch Einweichen über Nacht, also kurzes Ankeimen, noch weiter vermindert werden. Und je länger sie keimen, desto basischer werden sie.[27]

Eiweiß

Bohnen

Chiasamen

Erbsen

Hanfprotein

Hanfsamen

Linsen

Lupinenmehl

Nudeln

Basische Konjak-Nudeln

---

27   Quelle: Akademie für Naturheilkunde

Getränke

- kohlensäurefreies Mineralwasser
- alle Obst- und Gemüsesäfte, die in einer Safpresse mit Schneckengetriebe entsaftet wurden
- Ingwerwasser
- Kräutertees ohne zusätzliche Aromen
- Zitronenwasser
- Pflanzenwasser, wie Kokoswasser, Ahornwasser, Kaktuswasser oder Birkenwasser

Kombinieren Sie saure Lebensmittel!

S *a u r e* beziehungsweise säurebildende Lebensmittel sollten möglichst immer mit basischen Lebensmitteln kombiniert werden. Denn säurebildende Lebensmittel sind nicht in jedem Falle automatisch auch schlecht und ungesund.

Im Gegenteil: Es gibt Lebensmittel, die zwar durchaus säurebildend wirken können, aber gleichzeitig sehr gesund sind, wie zum Beispiel Nüsse, Pseudogetreide (Quinoa, Amarant, Hirse) oder Hülsenfrüchte.

Auch die sauer wirkenden Mineralstoffe sind essentiell und wichtig, aber eben nicht im Überschuss.

Im Gegensatz zu den schlechten Säurebildnern wirken die guten Säurebildner außerdem nur auf wenigen Ebenen säurebildend.

Die guten Säurebildner sollten unbedingt in die basenüberschüssige Ernährung integriert werden, während man die schlechten Säurebildner besser konsequent meidet oder sie nur in Ausnahmefällen verspeist.[28]

Gute Säurebildner

Z *u* den guten säurebildenden Lebensmitteln gehören:
• Nüsse (Walnüsse, Haselnüsse, Paranüsse,

---

28   Quelle: Akademie für Naturheilkunde

Pekannüsse, Macadamianüsse usw.)
- Ölsaaten (Leinsaat, Sesam, Hanfsaat, Sonnenblumenkerne, Kürbiskerne, Mohn usw. Lässt man die Saaten keimen, werden sie – je nach Keimdauer – basisch
- Hülsenfrüchte (Kernbohnen, Linsen, Kichererbsen, getrocknete Erbsen usw.)
- Kakaopulver in hoher Qualität, am besten in Rohkostqualität sowie selbstgemachte Schokolade
- Hirse
- Mais (zum Beispiel auch Polenta, Maisteigwaren) in kleinen Mengen
- Pseudogetreide (Quinoa, Amaranth, Buchweizen)
- Bio-Getreide (zum Beispiel Dinkel, Kamut oder Gerste) in kleinen Mengen – idealerweise als Keimbrot oder in Sprossenform (wenn keine Unverträglichkeiten oder Gesundheitsbeschwerden vorliegen)
- Getreideprodukte wie Bulgur und Couscous in kleinen Mengen, aber aus Dinkel, nicht aus Weizen
- Spargel
- In überschaubaren Mengen hochwertige tierische Produkte aus biologischer Landwirtschaft: zum Beispiel Bio-Eier oder Fisch aus Bio-Aquakultur
- Hochwertiger Bio-Tofu und hochwertige fermentierte Sojaprodukte wie Miso und

Tempeh
- Hochwertige pflanzliche Proteinpulver (wenn ein Proteindefizit besteht) wie Hanf- oder Reisprotein [29]

Schlechte Säurebildner

Zu den schlechten säurebildenden Lebensmitteln gehören:

- Alkohol- und koffeinhaltige Produkte
- Eier aus konventioneller Landwirtschaft
- Essig
- Fleisch aus konventioneller Landwirtschaft
- Fleischbrühe, Wurstwaren, Schinken
- Fisch und Meeresfrüchte aus konventioneller Aquakultur oder aus belasteten Regionen stammend
- Fertigprodukte aller Art, insbesondere solche aus konventioneller Erzeugung
- Fertiggetränke wie Softdrinks (zum Beispiel Limonade, Cola), Fruchtsaft aus Konzentrat, Isodrinks, Proteindrinks, Milchshakes, Drinks zum Abnehmen
- Getreideprodukte aus Auszugsmehlen

---

29   Quelle: Akademie für Naturheilkunde

(Back- und Teigwaren wie Kuchen, Gebäck, süße Teilchen, Nudeln, manche Frühstückscerealien wie zum Beispiel Cornflakes, Fertigmüslis, Crispies, Crunchies usw.)

- Kaffee, auch Getreide-, Instant- und koffeinfreier Kaffee
- Ketchup
- Kohlensäurehaltige Getränke
- Milch und Milchprodukte: Quark, Joghurt, Kefir und alle Käsesorten, auch von Schaf und Ziege; gerade auch alle fettarmen Milchprodukte; Ausnahme Butter, Ghee und Sahne (in Bio-Qualität, die neutral eingestuft werden)
- Produkte aus Gluten (Seitan), zum Beispiel vegetarische Würste, Aufschnitt, Bolognese etc.
- Stark verarbeitete Sojaprodukte (insbesondere das texturierte Sojaprotein, das mit TVP abgekürzt wird und in getrockneter Form als Grundlage für Hackfleischersatz, Gulaschersatz o. ä. angeboten wird)
- Sämtliche Produkte, die Zucker enthalten
- Süßungsmittel wie Dicksäfte, aber auch Honig
- Speiseeis, auch Wasser-, Soja- und Joghurteis – Ausnahme: Basisches Eis

- Senf
- Sauerkonserven
- Tee (schwarzer Tee, Früchtetee, Eistee usw., lediglich Kräutertees sind basisch, sogar hochbasisch) [30]

Ein paar Tips

Bewegung tut so gut

- Der moderne Mensch bewegt sich zu wenig. Früher waren die Menschen zu Fuß unterwegs und es gab auch noch keine Schreibtischberufe. Das war gut. Der Mensch ist so konstruiert, dass er sich bewegen muss, um nicht einzurosten.
- Wer den ganzen Tag nur einseitige Bewegungen macht, sollte darauf achten, dass er sich in seiner Freizeit ausgeglichen bewegt.
- Unsere Lymphe sind so angelegt, dass sie nur mit Unterstützung durch Bewegung gut funktionieren.
- Unsere Bandscheiben brauchen die Bewegung, um gesund zu bleiben. Die Bandscheiben enthalten Flüssigkeit. Wird Druck auf die Bandscheiben ausgeübt, verlieren sie diese Flüssigkeit. Dadurch schrumpft ein Mensch am Tag um bis zu drei Zentimeter. Die Bandscheiben saugen bei Entlastung im Liegen, also beim Schlafen, die Flüssigkeit wieder wie ein Schwamm auf.
- Dieses Auspressen und Aufsaugen ist auch der einzige Weg, über den die Bandscheiben mit Nährstoffen versorgt werden, da sie ab dem 20. Lebensjahr

mit Abschluss des Wachstums keine Blutgefäße mehr besitzen. Der Druckwechsel zwischen Be- und Entlastung ist also eine Grundvoraussetzung für den Stoffwechsel der Bandscheiben.

- Unsere Gelenke brauchen Bewegung, damit sie schön geschmiert bleiben.
- Auch unser Darm braucht Bewegung, denn dadurch wird die Verdauung angeregt. Unser Herz braucht Bewegung, damit es stark wird und unser Körper mehr Sauerstoff bekommt.
- Also, unser Körper verlangt zwar nicht rund um die Uhr Bewegung, aber doch soviel, dass alle Körperteile gesund bleiben.
- Grund genug, sich eine Sportart auszusuchen, die all das berücksichtigt. Was gibt es da Besseres als ein Mini-Trampolin. Schwingen auf dem Trampolin sorgt dafür, dass alle Muskeln im Körper angesprochen werden, ohne dass sie überlastet werden.
- Oder Yoga! Mit Yoga sorgen wir nicht nur für die nötige Bewegung, sondern auch gleich für Entspannung.
- Suchen Sie sich eine Sportart aus, die Sie inspiriert. Ich habe mir das Trampolin und den Crosstrainer ausgesucht, zusätzlich zu meinen täglichen

Spaziergängen.

- Natürlich benötigt unser Körper auch eine Phase der Regeneration, darum ist es gut, wenn wir eine Nachtruhe von etwa acht Stunden einhalten.
- Schlafmangel kann zu ernsthaften gesundheitlichen Störungen führen.
- Zwingen Sie sich nicht!
- Haben Sie Spaß!
- Nehmen Sie sich nicht so ernst!
- Alles, was Spaß macht, geht leicht von der Hand.
- Alles, was erzwungen wird, macht Mühe.
- Also: Füllen Sie Ihren Körper mit basischen Lebensmitteln und viel Freude!

Wissenswertes

Wasser

Klares reines Quellwasser, Mineralwasser ohne Kohlensäure, ist für unseren Körper eine Quelle der Erholung. Alle Zellen lieben reines Wasser, denn dadurch ist gewährleistet, dass sich die Zellen von Schadstoffen befreien können. Trinken Sie jeden Tag zwei bis drei Liter frisches Wasser. Das bringt auch unsere Synapsen im Gehirn auf Trap. Jede Form von Kohlensäure (wie der Name schon sagt: Säure) ist für unseren Körper und unsere Gesundheit nicht förderlich. Kohlensäure wird über die Lungen wieder ausgeschieden.

Basisches Fußbad

Nehmen Sie ein- bis zweimal in der Woche ein basisches Fußbad. Über unsere Füße können wir super gut entgiften. Das unterstützt den Körper ungemein.

Ein Basenbad bringt überdies unseren Kreislauf in Gang und befreit unseren Körper von überflüssigen Giftstoffen. Einmal in der Woche sollten wir uns diesen Luxus gönnen.

Bewegung

J *c h* gehe jeden Tag etwa eine Stunde spazieren oder ins Fitnessstudio.

Ich bereite mir in meinem Wasserfilter jeden Tag drei Liter Wasser zu und trinke sie über den Tag verteilt.

Es gilt eine gewisse Routine in den Tag zu integrieren, wie Bewegung und Wasser trinken. Das sollte einfach automatisch gehen.

Bürstenmassage

D *a n n* ist da noch die wunderbare Wirkung der Bürste. Bürstenmassagen befreien unsere Haut von ausgeschiedenen Schlacken.

Säure auf der Haut

G *l a u b e n* Sie nicht, was die Werbung sagt. Unsere Haut hat keinen Säureschutzmantel. Es ist nur der Müll aus unserem Körper. Wir unterstützen unsere Haut, wenn wir unseren Körper mit einem Peeling-Handschuh massieren, und uns nach der Dusche oder dem Bad mit einer Körperlotion einreiben, die basisch ist. Zum Beispiel Kokosöl, Olivenöl, Johanniskrautöl oder Mandelöl. Natürlich können Sie auch spezielle basische Körperpflegemittel nutzen.

Kokosöl

I c h persönlich reibe mich regelmäßig mit Kokosöl ein. Das ist super schön, die Haut duftet zart nach Kokos und ist seidenweich. Auch meine Haare bekommen hin und wieder eine Kokosöl-Kur.

Außerdem schützt Kokosöl auch vor Zecken.

Fastenzeit

U m einen guten Abnehm-Erfolg zu erzielen, halten Sie die nächtliche Fastenzeit ein. Wer gezielt und schnell abspecken möchte, isst seine letzte Mahlzeit um achtzehn Uhr und beginnt mit dem Frühstück frühestens um acht Uhr, besser erst um 10 Uhr.

Morgens als erstes zwei große Gläser Wasser, eventuell mit 2 TL oder 4 Kapseln Flohsamenschalen.

Entgiftung und Darmunterstützung

Flohsamenschalen in Verbindung mit Bentonit quellen im Magen auf und der Hunger verfliegt. Außerdem sorgen sie dafür, dass unser Darm schön sauber wird oder bleibt. Flohsamenschalen und Bentonit sollten immer mit zwei Gläsern Wasser getrunken werden. Ergänzt wird die Kur mit einem Präbiotikum.

Was auch ganz wichtig ist: Essen Sie vor 12 Uhr nur Obst oder rohes Gemüse. Das hat folgenden Grund: Nachts beginnt die Körperreinigung von innen und wenn wir bis Mittag nur basisch essen, so kann sich unser Körper weiter der Reinigung widmen. Trinken wir aber morgens schon Kaffee oder essen Brot mit Wurst, Käse oder Marmelade, so wird der Reinigungsprozess unterbrochen und unser Stoffwechsel beginnt mit der Zerlegung der Schlacken und Schadstoffe.

Auf meiner Seite

http://basensaeurengleichgewicht.de/

finden Sie mehr Rezepte.

Ebenso in dem Buch: Gesund mit Basischer Ernährung - Rezepte 978-3-86332-062-1

Quellennachweis:

Gerry K. Schwalfenberg „The Alkaline Diet: Is There Evidence That an Alkaline pH Diet Benefits Health?" J Environ Public Health. 2012; 2012: 727630. Published online 2011 October 12. doi: 10.1155/2012/727630 (Die Basische Ernährung: Gibt es Anzeichen dafür, dass die Ernährung mit basichem pH der Gesundheit dient?)

Adeva MM, Souto G. „Diet-induced metabolic acidosis." Clin Nutr. 2011 Aug;30(4):416-21. doi: 10.1016/j.clnu.2011.03.008. (Ernährungsbedingte metabolische Azidose.)

E.W. Kun, A.W. Yu „ELECTROLYTES | Acid–Base Balance" in Encyclopedia of Food Sciences and Nutrition (Second Edition) 2003, ISBN: 978-0-12-227055-0, Pages 2048–2055 (ELEKTROLYTE | Säure-Basen-Gleichgewicht)

Frassetto L et al., „Diet, evolution and aging--the pathophysiologic effects of the post-agricultural inversion of the potassium-to-sodium and base-to-chloride ratios in the human diet." Eur J Nutr. 2001 Oct;40(5):200-13. (Ernährung, Evolution und Alterung - die pathophysiologischen Wirkungen der post-landwirtschaftlichen Umkehrung der Kalium-zu-Natrium- und Basen-zu-Chlorid-Verhältnisse in der menschlichen Ernährung.) [Quelle: Zentrum der Gesundheit)Das gesunde Frühstück

https://www.ncbi.nlm.nih.gov/pubmed/21943297

http://www.chia-samen.info/

Quelle: www.heuteinform.at

SpiegelOnline/Gesundheit

Die Zuckerfalle von Klaus Oberbeil

Die Weizenwampe von Dr. William Davis

Die Milchlüge – Die Milch macht´s leider doch nicht von Dr. Elena Krieger

http://kas.zum.de/wiki/Wirkung_von_Alkohol_auf_den mensch-lichen_Organismus

Gesund mit Basischer Ernährung, Karin Schweitzer,
ISBN 978-3-86332-029-4, 19,90€, Schweitzerhaus Verlag

Schlüssel zum Glück, Karin Schweitzer
ISBN 978-3-86332-

Alles über Heilpflanzen: Erkennen, anwenden und gesund bleiben
Ursel Bühring, 978-3800183845, 29,90 €, Verlag Eugen Ulmer

Was die Seele krank macht und was sie heilt, Thomas Schäfer
ISBN 978-3-8289-4933-1 Verlagsgruppe Weltbild GmbH

Krankheit als Sprache der Seele, Ruediger Dahlke
ISBN 978-3-442-12756-6, 11,90€, Goldmann

Die Energie der Liebe, Harald Wessbecher,
ISBN 978-3-7787-9167-7, Integral Verlag

Stopp! Die Umkehr des Alterungsprozesses, Andreas Campobasso
ISBN 978-3-442-21858-5, 8,99€ Goldmann

Krankheit als Weg: Deutung und Be-Deutung der Krankheitsbilder,
Thorwald Dethlefsen und Ruediger Dahlke

ISBN: 978-3-442-21558-4, 9,00€, Goldmann

http://www.zentrum-der-gesundheit.de

Akademie für Naturheilkunde, CH-6370 Stans

Abnehmen mit Spaßfaktor

Karin Schweitzer

Sie wollen abnehmen?

Bisher hat keine Diät wirklich geholfen, weil nach ein paar Wochen der JoJo-Effekt eintrat?
Es soll keine Mühe machen?
Keine Kalorien zählen, auch keine Punkte zusammenrechnen? Nichts wiegen, einfach nur bestimmte Lebensmittel weglassen und Ihre Pfunde purzeln sehen?
Das Abnehmen soll Spaß machen und von Erfolg gekrönt sein?

Glückwunsch! Sie haben das richtige Buch dafür gefunden!
Wissenswertes rund um unseren Körper und unserer Lebensmittel, viele leckere Rezepte und ein Ernährungstagebuch unterstützen Sie bei der Reduzierung Ihres Körpergewichtes.

ISBN 978-3-86332-044-7   € 19,90

Gesund mit Basischer Ernährung
Entgiften und Darmsanierung

Karin Schweitzer

Krankheiten befallen und nicht aus heiterem Himmel, sondern entwickeln sich aus täglichen Sünden wider die Natur. Wenn sich diese gehäuft haben, brechen sie unversehens hervor.
Hippokrates

Der Zusammenhang zwischen einer gesunder Ernährung und einem gesundem Körper.

• Wie wir unseren Darm gesund erhalten oder wieder heilen
• Was Diäten bedeuten
• Wie Basenfasten unsere Gesundheit unterstützt
• Entschlackung für einen sauberen Darm
• Entsäuerung für gesunde Zellen
• Unterstützende Maßnahmen
• Welche Darmkur ist die richtige?
• Tabelle der basischen Lebensmittel
• Tabelle der guten und schlechten Säurebildner

ISBN 978-3-86332-061-4 € 13,90

Gesund mit Basischer Ernährung
Rezepte

Karin Schweitzer

191 Rezepte zum Ausprobieren

Basische, vegetarische und vegane Gerichte auf Basis der Basischen Ernährung.

- Smoothies
- Frühstück
- Warme Mahlzeiten
- Gerichte mit Kartoffeln
- ... mit Hirse
- ... mit Quinoa
- ... mit Amaranth
- ... mit Konjaknudeln
- ... mit Buchweizen
- ... mit Süßkartoffeln
- Salate
- Desserts
- Dipps und Saucen
- Brote
- Brotaufstriche
- Desserts
- Getränke

ISBN 978-3-86332-062-1

Schlüssel zum Glück
Ergebnisse einer Suche

Karin Schweitzer

Dieses Buch widme ich den Lesern, die sich aufgemacht haben einen Weg für mehr Freude, mehr Lebenslust und mehr Zufriedenheit in ihrem Leben zu finden und denen, die das noch vorhaben. Einen Weg, wie ich es gern ausdrücke, für ein Leben in Glück und Erfüllung.

Für jeden Menschen gibt es einen anderen Weg, der ihn zu seinem Schlüssel führt, einem Schlüssel, der zum Schloss seiner Wesensart passt. Ich lade Sie herzlich ein über meine Erlebnisse, meine Erfahrungen und mein Wissen das Glück betreffend, Ihren Schlüssel zu finden und auf dem Weg dorthin Bekanntes zu überdenken und Neues auszuprobieren.

Ich denke, dass alles gut so ist, so wie es ist, alles seinen Sinn und nur die Bedeutung hat, die wir ihm geben. Wenn ich mit meinem Leben unzufrieden bin und etwas ändern möchte, so steht es mir frei, die Reise zu meinem wahren Selbst zu wagen, mein Wesen zu entdecken und herauszufinden, was mich im Leben wirklich antreibt, inspiriert und glücklich macht.

204 ISBN Buch 978-3-86332-043-0 12,50€

Single Kochbuch
Schnelle Gerichte im Basenüberschuss für berufstätige Singles

Karin Schweitzer

vegan – vegetarisch – basisch

Vielen Menschen habe ich einen Weg gezeigt, um wieder gesund zu werden und solange der Schmerz groß genug war, ernähren sie sich auch basisch.

Und dann kommen schleichend die alten Gewohnheiten zum Vorschein und dann heißt es: "Das ist ja alles schön und es geht mir auch besser, aber es ist auf die Dauer doch ziemlich aufwendig, sich immer basisch zu ernähren."

Wirklich? Oder ist es nur unsere Geist, der sich dagegen wehrt?

Ich habe mich damit beschäftigt, schnelle Rezepte zu entwickeln und auszuprobieren, rationell zu kochen und dabei auch die Vorratshaltung mit einzuplanen.

Probieren Sie es aus! Alles total easy!

Mit diesem Buch kommen Sie auf neue Ideen.

978-3-86332-159-8
E-Book: E-PUB, 9,99€
ca. 300 Seiten

978-3-86332-176-5
E-Book: PDF, 9,99€
Größe: A4, 240 Seiten

Die Fallen der Sucht
Powerpointpräsentation
Karin Stritzelberger (Schweitzer)

Karin Stritzelberger, Bestsellerautorin, Sportpädagogin und Trainerin hat mit ihrer Nichtraucherkidsreihe Geschichte geschrieben. Begonnen hatte alles damit, dass eines ihrer Kinder zur Zigarette griff. Sie organisierte ein Schulprojekt, aus dem zuerst das Hörspiel und das Theaterstück Lara, oder warum rauche ich? entstand. Schülerinnen und professionelle Sprecher saßen im Tonstudio und das Hörspiel entstand. Im Anschluss daran erschien es der Autorin logisch, ein Buch zu ihren Erfahrungen zu schreiben, es entstand Nichtraucherkids, Tipps und Tricks zum rauchfreien Leben, ohne zuzunehmen. Mit Ernährungstipps für schlanke Nichtraucher.

Leider gibt es immer noch jugendliche Raucher und die vielen Kinder und Jugendliche, die noch nicht rauchen, müssen vor der Nikotinsucht bewahrt werden. Karin Stritzelberger hielt Vorträge in Schulen und fand im Schweitzerhaus Verlag einen kompetenten Partner.

Auf viele Anfragen hin entstand nun eine CD mit dem Vortrag und einer Präsentation.

Als Bonusmaterial enthält die CD die PDF-Datei von

Nichtraucherkids und Hörproben aus dem Hörbuch Nichtraucherkids und dem Hörspiel Lara, oder warum rauche ich?

Die CD Autosuggestion für ein rauchfreies Leben ist ebenfalls enthalten.

Aus dem Inhalt des Vortrages:

Rauchen ist eine gemeine Falle
Gehirnwäsche durch die Werbung
Gib dem Nikotinteufel keine Chance
Entscheide Dich und werde frei
Werde zu einer Persönlichkeit
Du musst an das Unmögliche glauben
Denke Erfolg und Du bist erfolgreich
Sei ein Adler und keine Ente
Just do it
Stell es Dir vor
An sich glauben
Glücklichsein ist (k)eine Kunst

Weitere Projekte sind:

Lara, oder warum rauche ich? , Hörspiel
ISBN: 978-3-939475-02-6 Preis: 14,95€

Aufbruch
Geführte Meditation zu bilateraler Musik Karin Schweitzer ISBN: 978-3-86332-301-1 Spieldauer: 60 Minuten

Schatzkiste der Tugenden

978-3-86332-138-3

E-Book: E-PUB, 4,99€

Seiten: ca. 86

978-3-86332-203-8

Hörbuch: MP3 Download

120 Minuten, 9,99€

Cloé und der perfekte Mord, 978-3-86332-040-9, 8,20 €

Warten aufs Christkind - Stille Nacht

Geschichten, Gedichte und Lieder zur Weihnachtszeit

Swing-blusige Instrumental-Weihnachtslieder

Die Weihnachtsge-
schichte

Knecht Rubrecht

Eine Weihnachtsge-
schichte

Weihnachten

Das arme Mädchen mit
den Zündhölzern

Was ich mir zu Weih-
nachten wünsche

Die kleine Schneeflocke

Die Schneekönigin

Stille Nacht, heilige Nacht

Ihr Kinderlein kommet

Vom Himmel hoch

Weihnachten vom alten Mann

Morgen kommt der Weihnachtsmann

Leise rieselt der Schnee

Es ist für uns eine Zeit angekommen

Festtagsruhe

Am Weihnachtsbaume

Alle Jahre wieder

Weiße Weihnacht

Dezembermorgen im Schnee

Süßer die Glocken nie klingen

Tochter Zion

Weiße Tage an Weihnachten

Bubele und Madele